成分品牌联合的
理论和实践

宁昌会 著

WUHAN UNIVERSITY PRESS
武汉大学出版社

图书在版编目(CIP)数据

成分品牌联合的理论和实践/宁昌会著.—武汉：武汉大学出版社，
2024.4(2024.12 重印)
ISBN 978-7-307-13497-3

Ⅰ.成… Ⅱ.宁… Ⅲ.品牌—企业管理 Ⅳ.F273.2

中国国家版本馆 CIP 数据核字(2024)第 050204 号

责任编辑:范绪泉 责任校对:李孟潇 版式设计:马 佳

出版发行:**武汉大学出版社** (430072 武昌 珞珈山)
 (电子邮箱：cbs22@ whu.edu.cn 网址：www.wdp.com.cn)
印刷:湖北云景数字印刷有限公司
开本:720×1000 1/16 印张:11.5 字数:175 千字 插页:1
版次:2024 年 4 月第 1 版 2024 年 12 月第 2 次印刷
ISBN 978-7-307-13497-3 定价:49.00 元

CONTENTS 目 录

第1章
品牌管理的理论框架

1 品牌管理总论

1.1 品牌的概念和功能

1.1.1 品牌的概念

品牌是对产品或服务的标定，以及对提供产品或服务的组织的标定，其目的是让市场主体对产品或服务进行区分以及对提供这些产品或服务的组织进行区分。

美国市场营销协会对品牌进行了界定：

"品牌是名称、术语、标志、符号、设计或这几种要素的组合，以此达到识别特定厂商和特定厂商提供的产品或服务，进而与竞争对手相区分的目的。"

1.1.2 品牌的功能

品牌一旦建立，对需求方和供给方都有重要作用。

对需方而言，品牌对消费者的主要作用包括：选择区分；品质担保；意义表达。

（1）选择区分

厂商通过对品牌进行设计、传播和塑造，在市场中建立独特的品牌形象，构成消费者独特联想，对产品或服务进行整体标定，与特定群体的特定需求进行联结，从而明确"我是谁""我为谁"，从而使消费者在众多产品或服务中进行区分，选择适合自己需求的产品或服务。

（2）品质担保

在现实生活中，很多产品或服务的质量、属性和功能是无法用客观的标准进行计量和衡量的。因此，当消费者在消费选择中，无法判定产品或服务的内在质量和属性的时候，消费者会寻求众多的外部线索，这些外部线索包括产品品牌或服务品牌以及品牌的提供者（企业组织品牌），甚至品牌的来源国。这时，品牌就为厂商提供的产品或服务进行了背书，发挥担保作用。

（3）意义表达

品牌不仅通过对相应的产品或服务进行标定，产生区分识别效应，发挥选择区分和担保功能，而且品牌本身具有符号意义。

厂商在塑造品牌的过程中，通过品牌设计，赋予品牌某种"意义"，让品牌具有表达价值，代表某种"身份"，象征某种"个性"，表达某种"生活"，建构某种"观念"。

因此，消费者在选择、购买和使用品牌时，不仅获得品牌标定的产品使用价值，还获得品牌的精神价值。

随着社会的发展和进步，人类生活品质的提高，消费者选择和使用品牌追求其"表达价值"的比重在不断提高。

消费者选择品牌不仅是获得生命的"工具"，生活的"道具"，更是获得生命的"意义"。

例如：

为"柴米油盐酱醋茶"生活场景中的茶建立的功能性品牌；

为"琴棋书画诗酒茶"生活场景中的茶建立的生活方式品牌；

为"茶道禅心"中的茶建立象征品牌。

对供方而言，品牌对厂商的作用包括：连接用户、建立壁垒和获取溢价。

①连接用户

厂商在设计和塑造品牌时，赋予品牌独特形象，其目的无非在于：

与特定用户的独特价值观念共情，实现"价值观念认同"；

与特定用户的独特生活方式共生，实现"生活方式认可"；

与特定用户的独特价值需求对接，实现"价值功能认知"。

从用户角度看，市场竞争的基本单位是品牌，而不是厂商。用户关注的是品牌，而不是厂商。对用户而言，品牌是价值中心，厂商是成本中心。

因此，一个成功的品牌，是厂商连接用户的重要桥梁。本质上，打造品牌的过程就是把独特的品牌、独特的用户和独特用户的需求、生活和观念进行匹配的过程。

②建立壁垒

当厂商设计和塑造品牌后，把独特的品牌、独特的用户和独特用户的需求、生活和观念进行匹配后，就在市场中建立了"我是谁"和"我为谁"的市场形象，用户不仅认知品牌、认可品牌甚至认同品牌，形成品牌认购乃至品牌忠诚、品牌依恋、品牌至爱，从而形成品牌强有力的竞争能力，建立强有力的市场壁垒。

除此之外，成功商业化的品牌还可通过注册，从法律上建立壁垒，通过法律手段有效防范竞争者模仿、抄袭和假冒。

③获取溢价

品牌建立后，厂商通过获利性和成长性来获取品牌溢价。

在获利性方面，强势品牌可以获得高的品牌附加价值。

消费者在购买和使用品牌的过程中，愿意为品牌的担保价值付费，因为品牌提供了担保线索，节约了消费者决策时间，减少消费决策精力，降低了消费者的认知风险。消费者在购买和使用品牌中还愿意为品牌的"表达价值"付费，因为具有"表达价值"的品牌满足了消费者对成就体验、个性表达、归属感的需求。

在成长性方面，强势品牌可以获得作为资产的成长性利益，而获得广义溢价。

在市场中建立了良好形象的品牌，形成了品牌忠诚度，使品牌具有资产属性，是一种不折旧且具有储蓄价值的资产，这使得品牌具有广泛的成长性。

品牌的成长性可以通过市场拓展、产品拓展两条途径获得品牌资产收益。

在品牌主场具有良好形象的品牌，很容易使品牌产生市场迁移，在新市场获得广泛销售，使品牌从市场拓展中获利。

在某一品类具有良好形象的品牌，很容易使品牌产生品类迁移，通过品牌延伸用现有品牌推出新产品在新产品市场中获得广义的增长从而获利。

1.2 品牌管理基本框架

品牌对市场主体以及产业的重要作用，使得品牌管理学者和经理人员对品牌日益关注和重视，不断推动品牌管理理论和管理实践的创新与发展。

为了探讨本书的主题，即成分品牌联合的理论和实践，本章对品牌管理的基本理论框架加以阐释和说明（见图 1-1）。

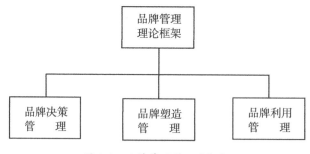

图 1-1 品牌管理的理论框架

品牌管理的基本理论框架主要包括三个部分：品牌决策管理、品牌塑造管理和品牌利用管理三个模块。

品牌决策管理模块是指品牌要素的选择决策如品牌名称、品牌标识、品牌定位等的决策管理。

品牌塑造管理模块是指对品牌要素进行设计决策后，通过一定的市场推广手段对品牌进行打造，在市场中建立品牌形象的活动的内容和过程。

品牌利用管理模块是指对通过品牌要素设计、品牌形象塑造，在市场中建立品牌形象后，对品牌资产的管理和利用。

成分品牌联合涉及品牌利用管理和品牌塑造管理。

2 品牌决策管理

2.1 品牌决策管理框架

在品牌管理理论框架中，品牌决策管理模块无疑是最重要的内容，因为其决定了品牌发展的方向。

品牌决策管理内容包括（见图 1-2）：

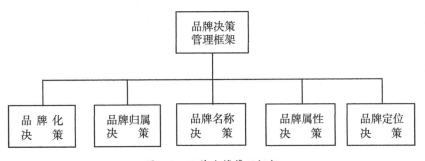

图 1-2 品牌决策管理框架

（1）品牌化决策

（2）品牌归属决策

（3）品牌名称决策

（4）品牌属性决策

（5）品牌定位决策

2.1.1　品牌化决策

大约 300 年前，人类生产和消费的产品种类不超过 1000 种，今天人类生产和消费的产品已经超过 10 亿种。

三次工业革命推动了生产水平和生产效率发生了质的飞跃，进而促进了产品质量的提升和产品数量的扩张。伴随产品质量的提升和产品数量的扩张，人类生活得到巨大改进，变得更加美好也更加丰富。

与此同时，面对无数的厂商、无数的产品，人类在消费选择中也步入新的困境。如果没有品牌对产品的标定，消费者将寸步难行。

在人类商业发展的历史上，第一个品牌出现在中国的北宋。山东济南的刘家针铺，为产品使用了"白兔"品牌名称和"白兔捣药"品牌标志。在中世纪的欧洲，一些手工业者开始使用品牌标记。此后，品牌的发展始于美国的南北战争后，伴随资本主义经济的发展，品牌在人类生产和生活中几乎无处不在。

品牌化决策要回答的问题是：企业是否应该为一个产品创建品牌。在通常情况下，企业为产品进行品牌化决策是当今企业的必然选择。

然而，创建品牌需要大量投入，在品牌化决策中企业还是需要慎重考虑下列问题：

①产品是否需要品牌化；

②品牌化的程度需要多大。

（1）产品是否需要品牌化

大多数情况下，产品需要进行品牌化。但是，有些特殊产品是不需要品牌化的。例如，产品本身并不会因为生产商不同而在质量或性能上有所差异，比如自来水、电、天然气等；没有经过深度加工的原料产品比如一般的蔬菜、水果、棉花、小麦等（具有地域特征造就的特殊属性和品质的原料产品除外，例如新疆的葡萄、秭归的脐橙等，这些产品本身自带产地品牌；也有一些使用特殊种植技术使产品具有独特品质和品相的农产品进行品牌化，甚至被贴上种植者名字，以区别于一般农产品）；还有一些生产工艺简单、没有统一标准、消费者又不关注其性能和属性的小产品如气球也不需要品牌化。

（2）品牌化的程度需要多大

品牌化的程度是指在品牌化过程中，企业进行品牌经营投入的程度。根据消费者信息处理和产品评价难度，产品可以分为搜索产品、体验产品和信任产品。消费者有能力根据产品信息直接判定产品质量的产品称为搜索产品；消费者根据产品信息无法判定产品质量，需要体验后才能判定产品质量的产品称为体验产品；消费者即使通过体验也无法判定产品质量的产品称为信任产品。显然，对于搜索产品，消费者根据自己的知识和能力经过搜索和评估可以直接判定产品质量，提供这类产品的厂商无须投入大量资源进行品牌化决策；对于信任产品，消费者没有知识和能力对产品进行评估，需要寻找外部线索进行购买决策，提供这类产品的厂商需要投入大量资源和大量时间对产品或服务进行品牌化；体验产品的品牌化程度介于搜索产品和体验产品之间。

2.1.2 品牌归属决策

品牌归属决策涉及品牌的所有权问题，即品牌归谁所有、由谁管理和负责。在品牌归属决策中，企业有四种选择。

（1）使用制造商品牌

制造商品牌也称为生产者品牌。目前大多数企业采用制造商品牌，因为产品质量和产品属性总是由制造商确定的，生产企业使用制造商品牌可以为自己产品和企业树立形象，建立长久的市场影响力，有利于企业长期发展和新产品的推广。制造商品牌一直支配着市场，是品牌归属决策的主要形式。制造商对品牌进行商标注册，就意味着制造商对品牌拥有了工业产权，可以通过法律手段避免假冒等侵权行为，并可以授权其他企业使用，进而收取特许费用。

（2）使用中间商品牌

中间商品牌，一般指零售商品牌。零售商不生产产品，专门从事产品转卖。零售商品牌的产生是基于其与消费者直接接触而收集到的大量信息，为特定商圈的消费者打造品牌，用品牌整合适合商圈用户的产品品类，然后委托不同制造商进行代工生产，向用户提供具有自身品牌的产品。

例如，在欧尚超市，从生鲜、食品、日用品到纺织品、鞋类、服饰等，消费者都会发现有一系列的"欧尚"牌商品。这些商品当然不是欧尚超市自己生产，往往来自其他企业的代工生产。

究竟是使用制造商品牌还是零售商品牌，主要看制造商的能力重心。

如果制造商生产能力强，能力重心是生产资产的管理和利用，产品研发能力和市场推广能力弱，则宜采用零售商品牌。相反，如果制造商具有很强的研发能力和市场推广能力，则宜采用制造商品牌，甚至采用外包生产的方式来生产产品，企业通过研发设计和市场推广专心打造品牌。

（3）同时使用制造商和中间商品牌

同时使用制造商品牌和中间商品牌策略一般在以下两种情况下同时使用：第一种情况，企业的一部分商品采用制造商自己的品牌，另一部分商品借用零售商品牌，从而达到既扩大产品销路又创建制造商品牌的效果。第二种情况，先通过中间商品牌的知名度来抢占市场，一旦站稳市场，就改用制造商自己的品牌。

（4）使用许可品牌

许可品牌是指通过付费形式，使用其他企业品牌作为自己产品的品牌。制造商的产品可以仅使用一个许可品牌，也可以在使用许可品牌时，也使用制造商自己的品牌，以便产品有一定的知名度后改用自己的品牌名称。

此外，不少企业还倾向于购买或并购品牌，这也是快速占领市场的一种方法。

2.1.3　品牌名称决策

广义的品牌名称决策包括：

①品牌命名设计决策；

②品牌标志设计决策；

③品牌名称使用决策。

（1）品牌命名设计决策

品牌命名设计决策要素包括：品牌命名原则；品牌命名思路；品牌命名流程。

①品牌命名原则

第一，品牌命名要具有合规性。

品牌命名要涉及商标的合规问题，例如相同和相似的品牌名称是无法注册受到法律保护的，甚至具有侵权的法律风险。

第二，品牌命名要考虑文化禁忌。

品牌命名考虑文化禁忌，冒犯市场所在国家和地区的风俗习惯和价值观念的品牌名称会有遭遇市场抵制的风险。

第三，品牌命名要考虑消费者辨识能力。

品牌命名要考虑消费者信息处理能力，做到简单易记。复杂难以辨认和记忆的品牌名称虽然具有很高的辨识度，但是不容易识别、记忆和传播。

第四，品牌命名要兼顾独特性和统合性。

在品牌命名时，要考虑企业品牌发展的整体规划。当品牌名称具有鲜明个性时，能够迅速植入消费者大脑，并在消费者心智中建立独特记忆和联想，如"海飞丝"，很容易记忆、辨识，并很容易建立"去头屑"的启发性联想，具有很强的个性，但是也为品牌设置了品类边界，很难用"海飞丝"推出新的产品和品类，只能做到"一品一牌"，一旦做出这样的命名决策，品牌就失去了统合性和延伸性。因此，企业在品牌命名中，要根据企业品牌建设投入能力和产品品系发展规划在"一品一牌"和"多品一牌"中做出选择。

②品牌命名思路

品牌命名思路分为有联想的命名思路和无联想的命名思路。

第一，有联想的命名思路。

有联想的命名思路是指，把品牌名称与消费者现实记忆的信息进行嫁接的命名方法。这些命名方法有：人名命名法，如福特汽车；地名命名法，如五峰毛尖茶；物名命名方法，如苹果手机、蚂蚁金服；功效命名方法，如舒肤佳香皂、飘柔洗发水、佳能相机、轻骑摩托、立白洗衣粉；属性命名方法，如方正电脑；情感命名方法，如金利来男装、吉利汽车、美的家电、专爱花店、久久爱快餐面。

相对无联想的品牌名称，有联想的品牌名称容易传播，但是其扩展性有一定局限。

第二，无联想的命名思路。

无联想的命名思路是指，在品牌命名时，消费者在品牌塑造和经营之前没有任何关于品牌名称的信息储存和信息联想，例如索尼相机、TCL 电脑、555 香烟、163 邮箱、格力空调。企业采取无联想的品牌命名思路，可以不受品牌名称现有联想的思路，按照企业品牌发展规划建立全新的品牌形象和品牌联想。

相对有联想的品牌名称，无联想的品牌名称不容易传播，需要投入更多品牌建设资源打造品牌形象，但品牌具有很强的统合性和扩展性。

③品牌命名流程

品牌命名一般经过下列流程：市场调研、备选方案、命名选择和市场测试四个阶段。品牌在取名之前，应对当前产业的发展状况、企业的经营战略、产品特点以及竞争者品牌名称进行调查了解。在前期调查的基础上，通过头脑风暴法或向社会公开征集，集思广益，收集一定数量的候选品牌名称。品牌名称的评价和选择需要借助语言学、心理学、美学、社会学等方面的专业知识，可以邀请相关专家帮助筛选。对经过专家评价和筛选的品牌名称展开消费者调查，了解消费者的品牌联想是否符合预期、品牌名称是否方便记忆、是否喜欢及喜欢的程度等，以此确定最终要使用的名称。

（2）品牌标志设计决策

品牌标志是一种图形符号，该符号将特定的产品同抽象的品牌理念联结起来以简单精练的形象向市场传达特定的意义。标志更加直观形象且没有语言文字障碍，这使其在世界范围内成为人类共通的一个沟通元素。

品牌标志主要由标志物、标志色和标志字构成。

品牌标志和品牌名称一起共同影响消费者的品牌认知。

值得一提的是，品牌标志比品牌名称更能引起消费者的注意和兴趣，并在形成品牌记忆方面更有优势。品牌标志是通过视觉来让消费者获得品牌信息，而研究表明人们在接收外界信息的过程中，主要来自视觉。

品牌标志通常更加生动形象、更引人注目、更易激发联想和记忆。同时，品牌标志能够跨越文化障碍，进行跨文化传播。

品牌标志主要是由文字和图形两大要素构成。

文字标志是由文字素材设计而成，主要有汉字标志和拉丁字母标志。文字标志将品牌名称和标志进行了统一，它直截了当地把品牌名称展示给消费者，从而促进品牌的传播和记忆。

图形标志有具象图形标志和抽象图形标志两类。具象图形是通过对生活中的动植物的具体形态模仿而生成的图形。该类图形贴近生活，表达生动、活泼，对消费者有较强的感染力和影响力。抽象图形是相对于具象图形而言的，点、线、面和肌理效果是其主要表达方式和手段。

在品牌标志设计时，要体现品牌核心价值，具有简洁醒目、新颖独特的特点，符合消费者审美。

品牌标准设计过程包括：市场调研、设计要素挖掘和设计开发。要想设计出消费者认可并喜欢的品牌标志，必须在设计之前进行充分的市场调研，深刻把握品牌的核心价值，了解市场中既有品牌特别是竞争品牌的要素构成和表达。依据调查结果，确定品牌标志的结构类型和色彩选择，挖掘那些能够充分体现品牌核心价值的图形元素。

在对品牌要素充分了解和理解的基础上，展开对品牌标志的设计工作。

（3）品牌名称使用决策

品牌名称使用决策有三种决策方案："一品一牌""一类一牌"和"一厂一牌"。

①"一品一牌"的品牌名称使用策略

"一品一牌"策略是指不同的产品分别用不同的品牌名称。如宝洁公司的洗发水采用的就是"一品一牌"策略："海飞丝"去头屑；"潘婷"提供头发营养；"飘柔"使头发柔顺；"沙宣"美发。

"一品一牌"策略的优势是：

有利于市场对接；

避免一损俱损。

1）有利于市场对接。采用"一品一牌"策略有利于特定产品、特定品牌，对接特定市场、特定人群和特定需求。

2）避免一损俱损。采用"一品一牌"策略可以避免个别品牌的声誉受损对其他品牌造成影响。

"一品一牌"策略的劣势是：

品牌建设和维护成本高；

品牌利用和扩展受到限制。

①品牌建设和维护成本高。采用"一品一牌"策略增加了品牌设计、制作、宣传推广等费用，总的营销成本高昂。

品牌利用和扩展受到限制。采用"一品一牌"策略使每个品牌具有市场专属性和产品专属性，品牌利用和扩展有局限性。

"一品一牌"策略使用情景：产品或产业特征需要有个性的品牌形象来帮助抢占市场；各品牌对应的细分市场具有相当的规模；各细分市场有充足的利润空间；企业有足够的品牌建设投入资源。

② "一类一牌"的品牌名称使用策略

"一类一牌"的品牌名称使用策略是针对同一类消费需求的产品使用同一个品牌，而不属于该类消费需求的产品使用其他品牌名称。比如美国的斯威夫特公司分别使用 Vigoro 和 Premium 来为肥料和火腿这两种差异巨大的产品品类进行品牌命名。

"一类一牌"的品牌名称使用策略的优势是：

具有建设成本分摊效应；

具有品牌推广协同效应。

1）成本分摊效应。在同一种产品类别中使用一个品牌，多种产品分摊品牌建设成本，降低了营销费用。

2）推广协同效应。同一品牌内的消费需求相近，有利于品牌核心价值的塑造和传播；不同产品的声誉共享，对一种产品的推广和销售可以带动同一品类下另一种产品的销售，产生不同产品的推广协同效应。

使用"一类一牌"的品牌名称使用策略的情景是不同品牌大类的产品间具有较为鲜明的差异；同一品类产品之间具有技术、渠道和市场的共享性。

③"一厂一牌"的品牌名称使用策略

"一厂一牌"的品牌名称使用策略是指企业多种不同类别的产品共用一个品牌。例如，海尔公司的冰箱、洗衣机、电视机、空调等都使用 Haier 这一个品牌名称。

采用这一策略的优势在于：

广泛的成本效应；

广泛的协同效应。

1）广泛的成本效应。采用"一厂一牌"的品牌名称使用策略，能减少品牌设计、广告、代言等各项费用，可以在品牌建设投入中获得巨大的范围经济（与"规模经济"相对应的概念，"规模经济"是指生产一种产品时，当产品产量增加时，单位产品成本下降的现象；"范围经济"是指生产多种产品时，当产品产量品类增加时，单位产品成本下降的现象）。

2）广泛的协同效应。采用"一厂一牌"的品牌名称使用策略，可以在品牌建设投入中获得巨大的协同效应。协同效应表现在：大批产品采用统一品牌有利于彰显企业实力，提高企业声誉；有利于新产品借势于已有的品牌声誉扩大市场份额；统一品牌下的各种产品可以互相获得支持，有利于市场推广。

采用"一厂一牌"的品牌名称使用策略的情景和前提条件是品牌核心价值抽象，能够统合所有产品类别，且产品类别之间有一定的关联度。

采用"一厂一牌"的品牌名称使用策略的风险在于：具有高抽象性的品牌统合能力强，但是单个产品或单个品类独特性被淹没，很难彰显某个产品或某个品牌的独特性；一个产品或一个品类或一个市场经营上出现问题会殃及企业所有产品。

2.1.4　品牌属性决策

品牌属性是品牌要素的特征及绩效水平。品牌属性决策就是在品牌要素的特征和绩效水平上采取的策略。

品牌是对产品的标定，产品由特定组织提供，并服务于特定群体。品牌是特定产品的品牌、特定组织的品牌、特定群体的品牌。

因此，品牌属性就包含了提供品牌的组织属性，即品牌的血统属性；也包含了品牌标定的产品属性及其附加服务的属性；更包含了品牌的人格化属性。

（1）品牌的组织属性

品牌的组织是提供品牌的企业或机构，即品牌的血统，它是品牌的支撑系统，是品牌的组织背书。品牌组织属性至少包括：

组织的核心价值观；

组织的社会使命；

组织的经营理念；

组织的业务范围和业务专长。

品牌的组织属性对品牌产生导向引领作用。历史久远的组织会对品牌产生深远影响。

（2）品牌的产品属性

品牌的产品属性是指品牌标定的产品特性、外观和绩效的综合，以及产品附加服务特征和绩效水平。因此，品牌的产品属性至少包括：

产品特性（如汽车的操控性、舒适性）；

产品外观（如简约、科技、自然的设计风格）；

产品绩效（是特性和外观带来的消费价值，如功能强大）。

附加在产品之上的服务或单纯的服务属性至少包括：

服务的理念；

服务的内容；

服务的水平；

服务的流程。

（3）品牌的人格化属性

品牌的组织属性和品牌的产品属性来源于实体组织和产品实体，具有客观的物质基础。品牌的人格化属性后是品牌拥有者在品牌设计过程中赋予品牌的人的特征。品牌的人格化属性至少包括：

品牌代表的人格个性；

品牌代表的生活方式；

品牌代表的社会圈层；

品牌代表的价值观念。

品牌属性决策是在综合考虑组织、产品、服务属性和品牌代表的人格化属性后进行的整体系统决策。品牌属性决策与企业的整体营销战略要保持一致，或者是在营销战略指导下进行品牌属性设计。例如，营销战略决定了目标市场，品牌属性决策就要考虑目标市场消费者对产品属性、服务属性的关注数量和关注水平，以及考虑目标市场消费者的消费价值观念、个性特征、生活方式等。

2.1.5　品牌定位决策

品牌属性决策是对品牌各种属性的系统决定。

品牌定位是在品牌属性中选择核心属性来建立品牌核心价值。

品牌定位就是勾画、塑造品牌独特形象，即确定品牌在顾客心智中的位置。技术制造产品差异，品牌定位制造心智差异；目标市场战略确定"我为谁"的占位效应，品牌定位确定"我是谁"的锁定效应。

（1）品牌定位的意义

为有限心智提供简化信息；

为心智区隔建立"地标"概念；

为品牌核心提供价值聚焦。

如果经过品牌建设和品牌塑造，使品牌定位成功，品牌就具有核心价值和独特形象。

根据品牌标定的对象，品牌分为组织品牌和产品品牌。

（2）品牌定位的方法

组织品牌定位的方法主要有：

业务类别定位；

业务专长定位。

业务类别定位的典型有百度掌管搜索、阿里掌管交易、腾讯掌管社交。业务专长定位的典型有天猫卖全、京东卖精、苏宁卖专、唯品卖廉。

产品品牌定位方法可以分为：

来自产品的"实定位"；

来自品牌的"虚定位"。

来自产品的"实定位"的方法主要有：

类别定位；

对比定位；

特征定位；

功能定位。

这些定位方法被企业实践普遍应用。类别定位的典型有今麦郎弹面；对比定位的典型有七喜非可乐；特征定位的典型有农夫山泉天然山泉；功能定位的典型有佳洁士防蛀。

来自品牌的"虚定位"的方法主要有：

个性定位；

群体定位；

地位定位；

场景定位。

这些定位方法也被企业实践普遍采用。个性定位如万宝路——自由、独立、勇敢的象征，群体定位如老村长酒——大众美酒典范，地位定位如百岁山——水中贵族，场景定位如红双喜——婚庆烟，都是很成功的典型。

3　品牌塑造管理

3.1　品牌塑造管理框架

在品牌管理理论框架中，品牌决策管理是对品牌要素进行设计，品牌塑造管理是把品牌要素转化为传播信息，通过传播工具，借助传播媒体与消费者进行沟通，使消费者形成品牌认知、品牌态度和品牌行为，从而建立关于品牌的联想，即品牌形象。

因此，品牌塑造过程就是品牌形象建立的过程，包括：

品牌信息设计；

传播工具选择；

传播信息发布；

受众信息接受；

品牌形象形成。

品牌信息设计是对品牌属性决策构想进行信息转换，以消费者（即受众）易于接受的方式进行信息表达。

传播工具选择是针对不同传播目标如品牌认知、品牌态度和品牌行为采用不同手段如广告、公共关系、销售促进等的综合应用。

传播信息发布是根据消费者接触点即媒体使用习惯和使用场景，在媒体（信息载体）上植入信息内容，从而对受众产生影响。

品牌形象形成是受众通过媒体接触信息，对信息接受、处理、解读，从而形成对品牌的记忆，产生关于品牌的联想总和，进而形成品牌认知、品牌态度和品牌行为。

品牌塑造过程如图 1-3 所示。

图 1-3　品牌塑造过程

根据品牌塑造过程，品牌塑造管理模块的内容包括：品牌信息设计、传播工具选择、传播媒体选择、传播结果衡量，如图 1-4 所示。

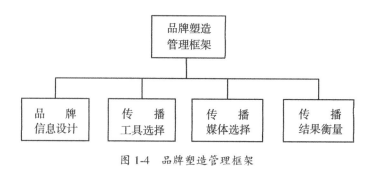

图 1-4 品牌塑造管理框架

3.1.1 品牌信息设计

品牌信息设计是对品牌属性的信号表达，目的在于对受众施加影响，形成品牌认知、品牌态度和品牌行为。

品牌信息设计包括信息内容设计和信息形式设计。

（1）信息内容设计

信息内容设计是根据受众接触点、信息发布的媒体特征和受众信息获取场景特征提供不同的信息内容。

信息内容设计分为下列三种情形：

品牌名称信息；

品牌核心信息；

品牌属性信息。

①品牌名称信息

受媒体特征、信息接受场景和接触点以及信息传播成本的影响，有时候信息设计只向受众展露品牌名称和品牌标志，获得对品牌的基本认知，扩大品牌知名度。例如，在"派克"笔上刻上"黄鹤楼 1916"的卷烟的品牌名称。

②品牌核心信息

品牌核心信息是品牌定位的信息表达，品牌定位是在品牌属性中选择核心属性来建立品牌核心价值，获得有别于竞争对手的独特形象。

品牌核心信息往往用具有亲和力、煽动性、震撼力的语言进行表达，被称为 USP（独特的销售主张）。

例如，宝马汽车的定位为"绝佳的工程技术"，品牌核心信息（USP）为"宝马——极致完美的驾驶机器"。

品牌核心信息容易被消费者记住、形成口碑和口口相传，例如，小米公司"为发烧而生"，万科"创造无限生活空间"，格力"好空调，格力造"等，农夫山泉"我们不生产水，我们是大自然的搬运工"被人们广为流传。

③品牌属性信息

品牌属性信息是在受众深度介入的情况下，通过一定媒体向用户呈现品牌完整的属性信息。

例如，通过产品使用手册、企业官网的品牌介绍、网店的详情页等，向用户呈现品牌的完整信息。

品牌属性信息是把属性决策构想用受众易于理解的方式进行呈现，向受众详细表达品牌"是什么"和"为什么"的详细内容，目的在于让用户对品牌获得深度信息加工，获得品牌信息、建立品牌信任，甚至建立品牌信仰。

例如，贵州飞龙雨集团公司，为品牌撰写的品牌属性信息的文案如下：

在中国，"环境污染"和"科技进步"推动了饮水的变革。我们经历了"没有水喝""有水不能喝""能喝不卫生""卫生不安全""安全不健康""健康不规范"的饮水困境。

面对国人的"饮水困境"，25 年的风雨历程，飞龙雨人见证了中国经济的发展、消费水平的提高、生态环境的恶化、饮水方式的改变、饮水产业的竞争。

25 年，贵州飞龙雨专注"家庭健康饮水产业"，肩负"让每个家庭喝上健康水"的企业使命，服务"家庭健康饮水定制市场"，立志成为"家庭健康饮水定制专家"。

25 年，为了履行这一使命，飞龙雨人为满足"绿色、天然、健康"的家庭健康饮水的需求，探寻"绿色生态水源"；开采"天然健康水质"；开发"高端定制产品"；建立"社区直供网络"。

探寻"绿色生态水源"。 经过多年努力，探寻建立四大"绿色生态水源"基地，四大基地水源都是高原优质生态区深岩层水源。**水源区生态环境优越。** 辐射贵州全省的四个水源基地——黔东南、黔西南、毕节和贵阳属于高原生态保护区，气候宜人，降雨充沛，植被丰富，环境优越，构成了优质水源的天然屏障和来源。**水源为地下深岩层水。** 飞龙雨矿泉水采集自高原优质生态区深岩层。在封闭的卡斯特地质岩层中，形成了无污染、流量及组分相对稳定的天然泉水，为绿色、天然、健康的优质水源。

开采"天然健康水质"。 飞龙雨矿泉水的水质具有四个特征：纯天然、活性泉、弱碱性、口感醇。纯天然——高原优质生态区深岩层天然矿泉水；活性泉——富含人体易吸收的离子状态的矿质元素的活性矿泉水；弱碱性——酸碱度与人体相宜的弱碱性矿泉水；口感醇——味极清新、舒适爽口、口感甘醇的矿泉水。

开发"高端定制产品"。 为了满足家庭健康饮水的差异化、多样化和个性化的需求，"飞龙雨公司"经过25年市场调研，开发出适应多场景、多用途消费的丰富产品体系，可以按每个家庭健康饮水需求定制，提供不同种类、不同用途的完整的家庭健康饮水系列产品。如通过"产品成分调整技术"开发了不同场景消费的桶装水、瓶装水，不同用途和适应不同人群的厨房用水、泡茶用水、母婴用水、儿童用水等。

建立"社区直供网络"。 飞龙雨为满足"家庭健康饮水定制市场"的方便、快捷、安全的消费需求，建立了从水源基地、社区水站、家庭用户三点一线的"社区直供网络"，没有中间商。实现用户"线上在线订购""线下精准配送"的消费体验。

案例完整呈现了品牌的组织属性、品牌的特征和功能属性。

（2）信息形式设计

信息形式设计即品牌内容信息的呈现形式。

信息的呈现形式有文字、图片、语音。

信息呈现形式是伴随人类沟通技术的发展而发展的。

根据沟通技术发展阶段，信息呈现形式表现为：

"文字、图片"形式；

"图片、文字加上语音"；

"图片、文字、语音加视频"；

"VR和AR"（在视频基础上用虚拟现实技术和增强现实技术来呈现信息）；

"元宇宙"（数字技术构建的虚拟世界）。

前三种信息形式已经非常成熟。虚拟现实技术和元宇宙技术如何呈现品牌信息，正处于探索和发展中。

不同信息呈现形式赋予信息传播对受众影响的程度不同，表现为易接受性、互动性、生动性以及临场感的差异。

企业在品牌传播中应根据受众品牌接触点、媒体特征、传播目的、传播成本和传播内容等因素进行信息形式设计。

3.1.2 传播工具选择

经典市场营销学把品牌传播工具分为四种：广告、营销公共关系、销售促进和人员推销，四种工具的综合应用又称为促销组合。这四种工具同样应用在品牌传播中，即品牌传播工具包括：

品牌广告；

品牌公关；

品牌促销；

品牌推销。

（1）品牌广告

品牌广告是通过购买版面（如《罗博报告》杂志的封面广告）、时段（如广播、电视的时段广告）、关键词竞价（如百度关键词搜索广告）向受众提供说服性信息。

商业广告对广告主而言，成本很高，不可能传播品牌属性的完整信息。因此，广告一般传播品牌名称、标志和品牌核心信息，目的是建立品牌独特形象。

例如，王老吉的电视广告——"怕上火喝王老吉"，传播品牌定位——预防上火的品牌功能定位，通过广告建立品牌核心属性的独特认知。

再比如"五谷道场方便面，非油炸，更健康"建立具有竞争性的独特认知。

（2）品牌公关

品牌公关是营销公共关系在品牌传播中的应用，而营销公共关系是公共关系在营销传播中应用。

在品牌公关中，品牌传播是通过新闻披露的方式在不同媒体上推广品牌。品牌公关的目的在于改善品牌与社会公众之间的关系，增进公众对品牌的认识、理解，建立对品牌的态度，核心目的是建立品牌-消费者关系。

品牌公关传播避免了品牌广告的"灌洗"方式有可能遭遇受众抵触情绪的情景，以"新闻披露"的方式讲述"品牌故事"使消费者在不知不觉、潜移默化中了解、喜爱，甚至忠诚于品牌。

例如，法国"白兰地"酒开拓美国市场时，采用"品牌广告"久攻不下之后，采用品牌公关手段突破美国人"傲慢"心理，终于打开美国市场。白兰地的品牌公关专家先策划"品牌活动"：利用美国总统艾森豪威尔67岁寿诞之时，向美国总统敬赠二桶酿造已达67年的法国白兰地，作为生日贺礼，在总统生日这一天，举行了盛大的赠酒仪式，以此向全世界表明法国人民对美国人民的友情；策划"品牌活动"之后，借助"媒体"再讲"品牌故事"，一时之间，"白兰地"品牌的历史、趣闻、逸事陆续出现在各种媒体上，"白兰地"和"马赛曲"一起在美国飞扬。

（3）品牌促销

品牌促销是市场营销中销售促进工具在品牌传播中的应用，是通过短期购买激励和刺激促进购买行为产生，目的在于促进品牌体验的形成。

品牌促销在现实企业中仍在广泛使用。

常见的品牌促销手段有：

样品赠送；

折价券；

送附加赠品；

打折优惠；

游戏促销；

现金优惠；

常客计划；

以旧换新；

顾客奖励；

使用示范等。

品牌促销是企业向市场推出一些"诱饵"来吸引消费者购买，进而促进品牌信息传播的一种方式。品牌促销主要用来吸引品牌转换者，且短期效应非常明显，销售促进的方式能够帮助品牌快速渗透市场。

但是频繁的销售促进提高消费者对品牌的价格敏感性，淡化品牌的品质属性，长期来看，不利于品牌形象的建立和品牌价值的维护。

对于着眼于长期品牌建设的企业，在品牌促销中应该采用品牌使用示范活动，让意见领袖率先体验产品，建立口碑效应，同时把品牌示范推广活动与品牌公关活动结合起来，形成媒体报道的联动效应。

例如，东风公司在新品奕炫上市前期分别举办"超级马赫-奕炫马赫版猎弯体验营"专业媒体和大众媒体试驾品牌推广活动，让媒体人和车评人进行试驾，形成品牌体验，在通过媒体进行有说服力的传播。

（4）品牌推销

品牌推销是营销促销组合中人员推销方式在品牌推广中的应用。

品牌推销是通过对目标受众进行有针对性说服方式进行品牌传播，目的是达成交易，促进购买行为产生。

品牌推销的最大优势是可以根据受众特点和受众状态向受众传播其关注的品牌属性信息以及解决品牌使用疑问等。

品牌推销分为组织品牌推销、服务品牌推销和产品品牌推销。

组织品牌推销是组织品牌的销售人员说服客户使用组织品牌的活动。例如，58 同城用将近 10 年时间进行商务推展（BD），使用大量销售人员进行地推工作，积累了大量商户。多数平台企业在平台建立初期，都需要花费大量人力、财力积累客户，组织品牌推销是必备的营销工作。组织品牌推销既积累了客户，又推广了品牌，对组织品牌塑造发挥了重要作用。

服务品牌推销是提供单纯服务的企业进行服务销售的品牌推广活动。在服务品牌推销中，销售人员具有很强的专业技能，在销售服务过程中，既要清楚提供组织品牌属性信息（组织使命、组织专长等信息），又要提供服务品牌属性的专业信息（如服务理念、服务内容、服务流程和服务质量等）。

产品品牌推销一般是在线下商店柜台导购和线上直播间的直播带货导购。本质上，产品品牌的线下商店推销和线上直播推销没有区别，都是进行产品品牌导购，其沟通要素都由"人-货-场"构成。所不同的是，线下体验更加现实直观，受到时间和场地空间的限制；线上直播带货用户获得虚拟体验，没有时间和空间的局限。

品牌推销在品牌传播中发挥的作用的深度是品牌广告、品牌公关达不到的，因此，就目前而言，品牌推销具有不可替代的作用。

但是，随着人工智能技术的发展，在未来品牌推销工作可能部分由 AI 完成（例如，平台企业的部分客服被 AI 替代；通过大数据算法给用户画像，然后对不同用户进行有针对性的算法推荐）。

总体来看，品牌广告传播品牌核心信息建立品牌核心价值观念，品牌公关传播品牌故事建立品牌整体形象，品牌促销通过诱导使用促进建立品牌体验，品牌推销则针对不同消费者的不同购买行为状态进行有针对性的推销，达到实现品牌销售的目的。

3.1.3　传播媒体选择

消费者在购买品牌之前，必须先获得有关品牌的知识、对品牌进行评价、获得品牌认可之后才会实施购买和产生购后行为。

因此，企业要首先对品牌属性信息进行设计，然后综合应用品牌传播工具，在消费者与品牌的接触点上发布品牌传播信息，对消费者产生影响，最终实现品牌认知、认可和认购的传播结果。

品牌媒体选择就是企业围绕目标受众的生活场景、工作场景、娱乐场景、消费场景等，挖掘品牌信息接触点，开发、利用和选择品牌传播的信息载体。

根据消费者的接触点，品牌传播的信息载体至少包括：

产品载体；

人物载体；

企业载体；

户外媒体；

传统媒体；

新媒体。

品牌传播的媒体选择，就是在综合考虑传播效果和传播成本基础上对这些信息载体和传播媒体的整合应用。

（1）产品载体

品牌标定的产品实体本身就是信息载体。消费者在接触产品过程中，会感受产品外观特征、产品质感、产品美学设计、产品标志、产品名称等品牌属性信息。

因此，具有视觉冲击力的产品本身就自带推广功能，能够诱发消费者探索产品品牌和产品品位，并产生购买和消费欲望。

企业可以通过产品展示，把产品作为传播载体进行品牌传播。

此外，在品牌传播中，企业可以借助其他产品来进行品牌名称和品牌标志的传播。

例如，湖北中烟工业公司，利用"派克"笔进行品牌名称的展示。在"派克"笔上刻上"黄鹤楼1916"。

"黄鹤楼1916"的品牌名称和品牌标志在"派克"笔的消费者中得到传播，"派克"笔通过发挥信息载体的作用获得新的市场，实现双赢。

企业在选择其他产品作为媒介时，要注意下列问题：

第一，要选择非竞争产品；

第二，两者的目标市场相同；

第三，品牌品位具有一致性，没有冲突。

（2）人物载体

在没有专业媒体的时代，"人"是最重要的传播载体。即使当今沟通手段十分丰富的今天，人际传播对品牌传播的影响仍然处于重要位置。"人"是社会的信息节点，"人"是具有温度和情感的传播载体。具有相互信任的人际关系网络是品牌传播的"信任网络社群"。

企业在进行品牌传播的过程中，可以利用下列人物载体：

企业员工；

专业销售人员；

企业合作伙伴；

消费者；

专业人员；

明星。

企业员工了解自己的企业和自己企业的产品。企业首先要对自己的员工进行内部营销，让员工成为组织品牌和产品品牌的传播者。

企业的专业销售人员比其他部门的员工更加了解组织品牌和产品品牌，并具有更专业的传播技能，能够提供更专业的品牌传播信息。

企业合作伙伴特别是企业产品的分销商，直接面对市场和用户，有能力和有愿望参与品牌的传播。

消费者是品牌传播的最重要的人际媒体。当消费者获得品牌体验后，会向其社交网络传播品牌信息，形成巨大的口碑效应。受众的行为往往会受到他人的影响，特别是"KOC"（关键意见消费者）和"KOL"（关键意见领袖）对品牌评价信息对其他消费者的消费行为产生重大影响。在互联网时代，人际传播突破时空限制，其传播效应在短时间内被无限放大。例如，企业利用"小红书"平台社区"种草"（网络用语，专门给别人推荐好货诱导他人购买产品的行为）就是利用网络放大品牌人际传播的影响。

专业人员是指具备产品的属性、质量和功能以及如何使用产品的专门知识的人员。专业人员提供的信息具有专业性、可靠性和权威性。企业可以利用专业人员作为品牌传播的载体对消费者施加影响。例如，汽车的品牌传播利用"车评人"作为权威的第三方对品牌进行传播。很多专业人员具有自媒体并自带流量，企业可以利用专业人员的推荐可以诱发自媒体流量使传播效果得以放大。

明星具有广泛的社会影响，靠知名度、个人魅力、鲜明个性、吸引力等吸引众多"粉丝"，成为自带流量的传播载体。企业可以利用流量明星作为信息源头对品牌进行传播。

（3）企业载体

企业既是品牌属性的组成部分，又是品牌传播的信息载体。企业的使命、企业的价值观和企业经营理念以及企业的技能和企业专长、企业的经营历史构成了强大的品牌支撑系统，可以为品牌进行背书，取得社会和公众的认可。同时，企业的官网、企业的简介、企业的产品说明书、企业的招商手册、企业的实体外观都可以成为品牌传播的信息载体。目前，企业开发的各种 App 更是建立企业品牌私域流量的重要媒介。

（4）户外媒体

消费者户外出行场景中的所有可见接触点都可以作为信息载体。最常见的户外媒体有"车体广告""路牌广告""楼宇广告"。

"车体广告"是流动的广告，特别是公交车，其行驶路线有固定的流量和人群。企业可以在车体上展示品牌名称、品牌标志和代言人信息。

"路牌广告"一般在流量比较大的路段，企业可以在相应路段借助路牌对品牌进行传播。路牌广告一般展示品牌名称信息和品牌核心价值主张，即USP，又称为品牌口号。

"楼宇广告"包括"楼宇电视广告"和"楼宇牌匾广告"。两者的最大特点是"分众"，即每个楼宇具有特定的目标人群，如高档写字楼的消费人群是高端地产、汽车、手表等高端产品的目标消费者。企业可以利用"楼宇广告"的"分众"特点，提高品牌传播的效率。

（5）传统媒体

传统媒体是指报纸、杂志、广播、电视四大媒体。由于互联网媒体的兴起，传统媒体受到很大冲击，报纸媒体几乎消亡。

但是，电视、广播和杂志还没有被取代，还有相当的受众是此类媒体的消费者。因此，企业在品牌传播中，如果目标受众是这类媒体的消费者，就可借助传统媒体进行品牌传播。

传统媒体的最大特点是信息的单向传播，没有互动性，没有分享性。

但是，传统媒体也有其优势，例如，电视的视频由于是宽屏，比 PC 视频和手机视频的观感要好；广播媒体在开车场景中应用较好；杂志广告由于是纸媒，因而可以流转和传阅。

（6）新媒体

新媒体是相对传统媒体而言，借助"互联网"技术，在虚拟空间产生的各种媒体。新媒体改变了人们的生产和生活方式，更改变了人类的沟通方式。

从 1997 年的门户网站的诞生，经过 20 多年的发展，按照时间轴，新媒体演化出不同类别：

门户网站：如新浪、搜狐、网易；

搜索网站：如百度、阿里；

贴吧、QQ 空间：如百度贴吧、腾讯 QQ 空间；

微博和微信公众号：如新浪微博、腾讯微信；

视频网站：如乐视、土豆和优酷；

PC 秀场直播：如 9158、六间房、YY LIVE；

移动短视频：如抖音、美拍、快手；

移动视频直播：如花椒直播、映客；

移动视频直播分化：如娱乐类直播、教育类直播和电商直播。

企业在利用新媒体进行品牌传播时，要考虑下列问题：

媒体信息形式；

媒体流量大小；

媒体流量质量；

媒体流量成本。

①媒体信息形式

媒体信息形式伴随互联网信息流速（如宽带介质的发展）和终端信息展示能力（如智能手机终端）的发展，经历了"文字-图片-声音-视频"信息形式的改变。例如，1997年诞生的门户网站，只能传播文字和图片信息，而现在的移动视频媒体，可以在智能手机端发布流畅的视频内容。企业在进行品牌传播时，可以根据发布的品牌传播信息形式选择合适的媒体类型。

②媒体流量大小

媒体流量大小是指媒体覆盖的群体规模。新媒体时代，人人皆媒体，也导致了媒体碎片化，不同媒体流量差异极大。由于互联网媒体的边际成本低，流量较低的媒体得以生存，导致了媒体数量极大，而单个媒体的影响力减少。企业在进行媒体选择时要对媒体流量的真实性进行调查，没有适度规模的流量，品牌无法接触目标受众，传播效果很难保证。

③媒体流量的质量

媒体流量的质量是指媒体流量受众与企业品牌相关性程度。相关性越高，品牌传播的信息越能精准到达目标市场消费者，品牌传播效果越好。

企业在选择新媒体时不仅要考量媒体流量大小，更要考量媒体流量质量，即"谁"是媒体的视听受众。

不同媒体的受众不同。媒体流量性质存在一些基本规律。

门户网站"新浪、搜狐、网易"是按照"内容-频道"进行分类的，媒体把内容与相关人群类别进行联结，即人以"频"分。

企业可以在相关内容频道发布品牌传播信息与相应受众建立联结。

搜索网站"百度搜索、阿里搜索"是按照"关键词-内容网址"进行分类的，媒体通过把关键词与内容建立联结，而用户是通过关键词进行搜索的。因此，通过"关键词"，可以推断用户需求，即人以"词"分。

企业可以在品牌传播中提炼出"关键词"与目标市场消费者建立联结。

专业社区如"百度贴吧"是不同专业、爱好、兴趣者构成的社群，企业可以通过社群性质选择合适的社区进行品牌传播，即人以"群"分。

微博、微信、短视频媒体，都是以其"公众号"集聚相应人群，不同公众号具有不同信息内容，也吸引不同人群，公众号-内容-人群是相互对应的，即人以"号"分。

企业在进行品牌传播时，要对不同媒体进行研判，调查其受众群体特征，在具备自己企业品牌相关群体的媒体上发布内容。

④媒体流量成本

企业在各大新媒体平台进行品牌内容传播时是要付费的。新媒体传播渠道很多，也产生了各种付费方式：

按点击付费（CPC）；

按展示人数付费（CPM）；

按行为付费（CPA）；

按销售付费（CPS）；

按时长付费（CPT）。

企业在品牌传播时，要根据品牌传播的阶段和传播目标来选择付费方式。传播成本要纳入媒体选择的整体决策，即企业在选择媒体时，要综合考虑传播效果和传播成本，即媒体的"性价比"。

3.1.4　传播结果衡量

品牌传播的目的是对消费者行为施加影响。例如，品牌传播导致消费者知道品牌、喜欢品牌、信任品牌、问询品牌、购买品牌、推荐品牌、拥护品牌等。在数字营销时代，企业可以通过追踪和透视消费者行为，给用户画像，精准判定用户行为过程，掌握"消费者行为旅程"。

但是，从企业角度，消费者品牌传播结果可以分为结果目标和过程目标。

品牌传播结果目标主要体现在：

品牌销量增加；

品牌价值增加。

品牌传播过程目标主要体现在：

品牌认知；

品牌态度；

品牌行为。

（1）品牌传播的结果目标

品牌传播的结果目标是企业进行品牌营销的目的体现，即获利性和成长性。

获利性表现在品牌在市场上的变现，品牌从生产领域进入消费领域，被消费者购买和使用。从企业财务角度看，就是品牌销量增加。评价标准是把品牌传播后的销量与传播前的销量进行对比，品牌销量增加数量就是品牌传播的获利性目标。

成长性表现为品牌资产价值的增加。品牌资产价值强调品牌对企业持续成长和发展的作用。一个强势品牌一般拥有较大的扩张能力，比如品牌能进行广泛的延伸、授权或联合。扩张能力越强反过来也意味着品牌资产越强大。品牌资产是随着品牌的不断成长和壮大而提出来的，更多的是侧重于品牌在未来的企业发展中能在战略层面为企业创造怎样的价值。评价标准是把品牌传播后的品牌资产价值与传播前的品牌资产价值进行对比，品牌价值增加数量就是品牌传播的成长性目标。

（2）品牌传播的过程目标

品牌传播过程目标是品牌传播的阶段性效果。过程目标既是上一个推广活动的结果，又是下一个传播活动计划的起点。对品牌传播过程目标的衡量，有利于针对消费者行为状态制订和实施动态的品牌传播计划，有利于提高品牌传播的效率和效益。

经过品牌传播，逐步形成消费者的品牌认知、品牌态度和品牌行为。

品牌认知目标。经过品牌传播如品牌认知广告，向消费者提供关于品牌的信息和事实，使消费者知晓和理解品牌，即形成品牌认知。评价标准是把品牌传播后的品牌认知与传播前的品牌认知进行对比，品牌认知增加数量就是品牌传播的品牌认知目标。例如，通过测量品牌传播前后经提示和不经提示的品牌回想以及品牌知名度的改变来判定品牌认知目标的实现程度。

品牌态度目标。经过品牌传播如品牌形象广告，向消费者提供关于品牌的独特属性、独特品位的信息，使消费者喜欢、偏爱和信任品牌，即形成品牌态度。评价标准是把品牌传播后的品牌态度与传播前的品牌态度进行对比，品牌态度的正向改变程度就是品牌传播的品牌态度目标。例如，通过测量消费者对品牌的好感，来衡量品牌传播效果。

品牌行为目标。经过品牌传播，会产生不同的品牌行为，如进行品牌问询、品牌购买、品牌推荐、品牌分享等，这些品牌行为是相互作用和相互促进的，例如品牌分享行为会导致更多人购买和使用品牌。企业最关注的品牌行为目标是购买行为。在品牌认知和品牌态度形成后，经过品牌促销激发内心渴望产生购买行为，实现品牌行为目标。评价标准是把品牌促销后的品牌行为与传播前的品牌行为进行对比，品牌行为的正向改变程度就是品牌传播的品牌行为目标。例如，通过测量消费者的品牌尝试率和重复购买率来衡量品牌传播效果。

4 品牌利用管理

4.1 品牌利用管理框架

在品牌管理理论框架中，品牌利用管理是在品牌决策管理基础上，对品牌进行塑造，形成品牌资产之后，对品牌资产的利用进行决策和实施的品牌经营活动。

品牌利用管理内容包括（见图1-5）：

品牌延伸；

品牌授权；

品牌联合。

4.1.1 品牌延伸

品牌延伸是指企业利用现有品牌推出新产品的品牌利用决策行为。

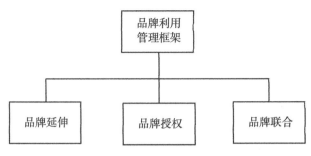

图 1-5 品牌利用管理框架

企业投入资源对品牌进行塑造，形成品牌形象。对企业而言，具有一定品牌形象的品牌，构成了企业的品牌资产，品牌资产价值可以通过品牌延伸推出新产品，在市场上进行变现。

品牌延伸是利用消费者品牌联想与新产品建立信息嫁接，将原品牌产品中的品牌联想转移到新产品中，从而形成新产品的品牌形象。

品牌延伸内容包括：

品牌延伸类别；

品牌延伸效应；

品牌延伸因素。

（1）品牌延伸类别

品牌延伸类别是指在品牌延伸利用决策中，根据品牌延伸推出新产品与原有产品之间的关系不同，划分出品牌延伸的不同形式。

品牌延伸类别主要有两种形式：

同类产品延伸；

跨类产品延伸。

①同类产品延伸

同类产品延伸是在同类产品中进行品牌延伸，又称为产品线延伸。企业在产品开发的过程中，同一产品种类中推出的诸如产品新口味、新款式、新色彩、新包装等产品项目内容时，仍然使用同样的品牌名称。例如，海尔洗衣机推出的儿童专用洗衣机仍使用海尔品牌。

同类产品延伸，根据推出的产品项目位置和推出产品的起始位置，又分为三种不同类别：

向上产品延伸；

向下产品延伸；

双向产品延伸。

向上产品延伸是用原产品品牌推出高端产品；向下产品延伸是用原产品品牌推出低端产品；双向产品延伸是利用原有产品品牌分别推出高端产品和低端产品。

在同类产品延伸中，一般用子品牌加以区分，即采用主品牌加子品牌的双品牌策略，区分新推出的产品品牌与原有产品品牌。

例如，宝马推出：宝马-X1、宝马-X3、宝马-X5、宝马-X6。

在同类产品延伸中，尽管是同类产品，也存在品牌延伸的边界。例如，原品牌是一个普通的大众品牌，向上推出高端有品位的高端产品，则很难被市场接受和信任。相反，原品牌产品是具有高端声誉的高端品牌产品，向下推出低端品牌时，则会很容易被市场接受和认可，如在家用汽车的豪华阵营中，几乎所有品牌都推出入门级的产品，并用子品牌予以区分，既满足青年人对品牌的追捧和渴望需求，又避免品牌高端声誉受损。

②跨类产品延伸

跨类产品延伸，顾名思义，是在品牌延伸中，利用原有品牌推出新的产品类别，即企业使用相同的品牌名称，从原产品类别进入新的产品领域。

跨类产品延伸是在一个产品品类中，积累品牌核心资产，再利用品牌推出周边新的产品品类，利用消费者对原有品牌产品的喜爱，推出新产品类别，让品牌的联想和偏爱迁移到新的产品类别，从新的产品类别中获得广义增长，发挥出品牌资产的"乘数效应"。

例如，"迪斯尼"建立品牌核心资产后，先后推出电影、动画、服装、公园、手表、书刊、专卖店等。

再例如，"耐克"从运动鞋延伸到运动服装、运动用品、运动器具等全套运动装备。

跨类产品延伸尽管是跨产品类别延伸，但是也可以根据新产品类别与原产品之间的关系分为不同类别：

相关产品延伸；

非相关产品延伸。

相关产品延伸是在跨类别延伸中，新推出的产品类别与原产品类别一定关联性，两种产品关联性表现在两方面：

技术关联性；

市场关联性。

技术关联性是新产品与原产品在"研发、制造、工艺"上具有一定的关联性，即品类之间存在技术共享性。例如，牙膏和香皂都是精细化工产品，都应用了精细化工材料、精细化工生产工艺。

市场关联性是产品在市场中应用场景和目标市场使用者的关联性。例如，"耐克"从运动鞋延伸到运动服装、运动用品、运动器具等全套运动装备，其不同产品类别共享产品使用场景和共享目标市场。

非相关产品延伸是在跨类别延伸中，新推出的产品类别与原产品类别没有关联性，即新产品类别与原产品类别既不存在市场共享性，也不存在生产共享性。

例如，"维珍"（Virgin）跨类延伸到化妆品、唱片、餐厅、可乐、手机、信用卡等，这些产品在市场使用场景和生产技术上存在巨大差异，没有关联性。

非相关产品延伸要求原品牌具有很抽象的属性特征，能够统合不相关产品类别。

（2）品牌延伸效应

品牌延伸效应是指品牌延伸带来的结果效应。

品牌延伸效应，从结果上看分为两类：

品牌延伸的直接效应；

品牌延伸的溢出效应。

品牌延伸的直接效应，是品牌延伸对延伸产品的影响。对延伸产品的影响至少包括：

建立延伸产品品牌形象；

拓展延伸产品市场；

减少延伸产品的推广成本。

建立延伸产品品牌形象。通过品牌延伸推出新产品，将原有品牌的品牌联想转移到新产品品牌上，直接获得新产品品牌形象，不需要进行完整的品牌要素决策、品牌塑造过程。

拓展延伸产品市场。原品牌在市场上已经建立了品牌联想和品牌形象。通过品牌延伸，消费者对原品牌的认知、态度和行为向延伸产品品牌迁移，有利于市场推展。特别是原产品品牌和延伸产品品牌存在市场关联时，只需要对原市场消费者进行交叉销售，就可以获得新产品的市场销售。

减少延伸产品的推广成本。企业再向市场推出新产品、新品牌，要投入大量营销资源去培育品牌、推广产品。用具有一定市场地位的品牌推出新产品，可以节省大量营销资源，降低新产品的推广成本。

品牌延伸的溢出效应是指进行品牌延伸推出延伸产品后对企业和原品牌带来的影响。

对原品牌的溢出效应。成功的品牌延伸，即新产品品牌在新品类和新市场的成功，有助于强化原品牌的市场地位和声誉，进一步提升原品牌资产价值。

相反，如果延伸产品在市场上遭遇失败，有可能伤害、弱化、稀释原品牌的品牌形象和市场地位。我们时常在市场中发现一些品牌很快成为"爆品"，却因为向新市场新产品进行扩张也很快"报废"。

对企业的溢出效应。品牌延伸不仅对原品牌产生溢出效应，对企业也会产生影响。对于实施品牌延伸的企业，恰当的品牌延伸有助于企业充分利用其无形资产，在稳健发展的过程中，利用品牌延伸从深度和广度上进行产品开发，实现多元化增长。显然，不当的品牌延伸，会使推出的新产品遭遇失败，将进一步殃及原品牌和企业的发展。

（3）品牌延伸因素

品牌延伸因素是影响品牌延伸直接效应和溢出效应的因素。这些因素构成了企业进行品牌延伸决策需要考虑的前提条件。

品牌延伸因素至少包括：

品牌因素；

产品要素；

市场要素。

①品牌因素。企业在进行品牌延伸决策时，首先要考虑原品牌的各种因素。原品牌因素可以从数量和性质两个方面进行考量。

在数量方面，品牌资产价值大小会直接影响品牌延伸效应，即决定延伸产品品牌的价值；当原品牌资产价值很小，如"品牌熟悉度"很低，品牌延伸效应就小。

在质量方面，品牌属性性质会影响品牌延伸所能覆盖的产品类别，品牌核心属性越抽象，品牌延伸和扩展的空间越大；相反，品牌核心属性越具象，品牌延伸和扩展空间越小。例如，"今麦郎"弹面——好劲道，品牌核心属性非常具象，如果推出"今麦郎"饮料，不太会产生延伸效应。

②产品要素。企业在进行品牌延伸决策时，还要考虑原品牌标定的产品因素。原品牌和原产品构成了企业向用户提供的价值整体。消费者对原产品的感知也会影响品牌延伸结果。原品牌产品与延伸产品之间的类别相似度，会影响延伸效应。相似度越高，延伸效应越大。例如，家电产品大类产品中不同类别的产品显然可以共享品牌，而农药品牌很难与食品品牌共享。

③市场因素。市场因素与产品要素是分别从需求方和供给方讨论品牌延伸的可能性的。一般情况下，产品类别的相似性越高，产品的市场关联性越高。高市场相关性的品牌延伸很容易产生延伸效应。低市场关联性的产品之间共享品牌的可能性会降低。严重情况下，两个不相关的市场共享品牌可能带来用户的心理冲突，这样的品牌延伸既没有正面的延伸效应，还可能产生负面溢出效应。

4.1.2 品牌授权

同品牌延伸一样，品牌授权是品牌资产的利用方式之一。

品牌授权是指品牌拥有者即（品牌授权商）通过协议授权其他厂商使用自己的品牌，从事生产、销售某种产品或服务的一种品牌利用方式。

在品牌授权决策中，授权协议通常涉及品牌使用的产品范围、地理范围和使用时间。

品牌授权这种经营方式最早起源于美国的迪士尼公司。迪士尼公司的米老鼠刚刚成名，一个家居制造商就花 300 美元将米老鼠的图案印在自己的写字台上。

品牌授权的实质是品牌作为"资产"进行市场交易的行为，将品牌所有权与使用权和收益权进行分离的市场交易行为。

品牌授权的内容包括：

品牌授权的主体和客体；

品牌授权的收益；

品牌授权的风险。

（1）品牌授权的主体和客体

品牌授权的主体是指实现品牌授权交易行为的市场主体。

品牌授权的市场主体包括品牌授权商、品牌被授权商和品牌授权代理商。品牌授权商即品牌资产的拥有者；品牌被授权商即品牌资产的被许可使用方；品牌授权代理商即授权业务的代理机构。

企业在进行品牌授权经营决策时，第一个考虑的问题就是对品牌被授权商进行考察和选择，考察内容和选择因素包括品牌被授权商的业务经营范围、经营状况、经营潜力以及拥有的资源和声誉条件。此外，对品牌授权的代理商也要进行慎重选择。

品牌授权的客体指实现品牌授权交易行为的标的，其内容非常广泛，可以是品牌名称、品牌标志，也可以是品牌标定的内容。

各种不同类型的品牌名称和品牌标志都可以授权交易。

例如：

产品品牌名称和产品品牌标志；

服务品牌的品牌名称和标志；

组织品牌（包括营利性组织和非营利性组织）的品牌名称和标志；

项目品牌（如运动项目）的品牌名称和标志；

地标建筑的品牌名称和标志；

内容品牌的品牌名称和标志。

内容品牌是指提供娱乐性、知识性等特征的信息内容产品，通过品牌标定成为一种特殊的服务品牌。

内容品牌标定的内容也可以作为品牌授权的标的，可以是整体的内容产品，也可以是局部的内容产品。

例如：

电影、电视节目、绘画、小说、游戏、网络视频、动画，以及这些内容产品中出现的人物角色、人物形象、角色造型、服饰、图案、道具和音乐等"部件"内容。

（2）品牌授权的收益

品牌授权的收益，要分别从品牌授权交易双方即品牌授权商和品牌被授权商的角度进行分析。

品牌授权商的收益。品牌授权商的收益来源有两个部分：

品牌授权使用期间的品牌使用费；

品牌授权期间由于品牌使用导致品牌资产价值的增值收益。

品牌授权商的收益来源，简单来说，就是借助自己的品牌用别人的钱"赚钱"和"存钱"。

被授权商的收益。被授权商使用授权商的品牌获得的收益包括：

通过授权品牌带动其产品或服务的销售而增加的收益；

通过授权品牌进行产品或服务的标定获得品牌附加值收益；

通过授权品牌进行产品推广因减少成本而增加的收益。

例如，"心相印纸巾"在获得"几米漫画"的图案授权后，每包纸巾比竞争品牌定价多几毛钱，增加了品牌附加值。同时，由于"几米漫画"的市场品牌效应，"心相印纸巾"单品的年销售额在品牌授权一年内翻了几倍。通过品牌授权，节约了品牌塑造的时间成本和资金成本。

（3）品牌授权的风险

对品牌授权商来讲，品牌授权商面临的风险主要来源于自己的品牌在授权期间品牌资产价值减少。授权品牌的资产价值减少的原因，可能是被授权商在授权使用品牌经营时，使授权品牌形象和声誉受到伤害。

对被授权商来讲，在品牌授权交易中，可能面临的风险是被授权商获得的授权品牌可能无法取得法律的有效保护，从而给被授权商带来极大的风险。

另外，某些授权品牌由于长期的市场定位传播，已经在消费者头脑中形成了一个刻板印象，此种情况下，该品牌的延展性就会显得非常的弱。如果被授权商生产的产品与授权品牌的形象不匹配或关联性较低，消费者就有可能抵制被授权商的产品抑或授权品牌的原有产品，这对品牌授权的双方都是一种潜在风险。

4.1.3　品牌联合

品牌联合既是品牌的利用方式，也是品牌的创建方式。

早在 1908 年，品牌联合就出现在人类的商业实践中，当时的福特公司通过与凡士通轮胎合作极大地促进了福特的成功。

从 20 世纪 80 年代以来，品牌联合已成为常见的商业实践。比如，电脑厂商与英特尔公司的 Intel 品牌的联合。由于其越过电脑厂商向消费者用户进行塑造的 Intel 处理器品牌对市场的影响，其产品因其较高的知名度经常被计算机制造厂商采用，并在其营销推广中强调"Intel Inside"。品牌联合涉及两个或更多品牌共同向市场推出新的产品或服务，比如早些年 Sony 和 Erission 联合推出一款兼有两大公司品牌的 Sony-Erission 手机。

在互联网时代，品牌合作（联合）的现象更是多样。例如，互联网平台可以融入多家服务或产品品牌为消费者创造价值。比如支付宝客户端可以使用 ofo 的小黄车服务，还可以办理中通物流服务等。互补品牌联合涉及两类属性互补的产品或服务一起展开营销活动，比如 Seagram's 7 鼓励消费者将 7—Up 作为调酒饮料。

品牌联合在营销实践中的广泛应用使得相关的理论研究显得十分必要。成功的品牌联合需要具备怎样的前提条件、品牌联合会产生什么样的结果效应、品牌联合的收益怎样界定和划分、怎样应对一个失败的品牌联合等一系列问题需要学者们去深入地探讨和系统地研究。

5 品牌管理案例

在对品牌管理的理论框架进行梳理后，本部分以"贵州×××集团"的"天然矿泉水"业务的品牌管理为例，对品牌管理进行实证观察。

5.1 公司简介

贵州×××集团公司成立于 1993 年。公司的业务覆盖桶装水、瓶装水、膏药、金银花保健品业务。公司先后建立了以"×××"天然矿泉水为龙头的饮用水产销体系，以苗医验方开发的"苗老爹"外用系列保健品，以自产金银花为原料开发的金银花含片产销体系。

公司的桶装饮用水业务是其核心业务。

公司有四个"天然矿泉水"水源基地，分别在贵州的毕节、贵阳、凯里和兴义。作为国内深岩层天然泉水的开创者，×××集团占有贵州独特地质地貌形成和优良生态保护的优质天然泉水资源，使用深岩层地下水（其他竞争对手使用暗河水、地表水），属于饮用高锶天然泉水。以从地下深处自然涌出或经钻井采集，无污染、流量及组分相对稳定的天然泉水为原水，其水质 pH 值为 7.0~8.0，锶含量为 0.15mg/L~5.0mg/L，经过滤、灭菌等工艺处理，不添加任何食品添加剂和其他物质，密封于容器中制成可以直接饮用的天然泉水。

经过工艺处理，即使四个不同地方的水，口感都能保持一致，生产工艺能够去除杂质、调控水的矿物含量，保持水的口感和较好的风味，规范管理能够使得工艺保持稳定。

5.2　市场布局

×××公司的矿泉水业务的市场布局分别按照消费者需求特征和消费场景特征进行。

5.2.1　按照消费者需求特征进行市场布局

按照收入和健康饮水意识可以将市场分为四个市场：收入高健康饮水意识强、收入高健康饮水意识弱、收入低健康饮水意识强、收入低健康饮水意识弱。

（1）市场特征

收入高健康饮水意识强。这类消费者收入高，且健康饮水意识强的消费者主要分布在城镇，这类消费者对于饮用水的产品质量、口感、安全性、包装设计、服务、品牌要求较高，对价格不敏感，忠诚度和黏性都较高。

收入高健康饮水意识弱。这类消费者收入高，但健康饮水意识弱的消费者对于饮用水的产品质量、品牌等要求不高，对饮用水相关信息了解不多，对饮用水的种类、品牌等选择无明确偏好和倾向性，对服务质量、配送的便捷性有较高要求。

收入低健康饮水意识强。这类消费者收入低，但健康饮水意识强的消费者对于饮用水的安全性、服务水平、品牌比较在意，追求极高的性价比，对促销活动比较关注和敏感。这类市场是公司的核心消费群体，是公司的基础市场。

收入低健康饮水意识弱。这类收入低，且健康饮水意识弱的消费者主要分布在农村、城中村，这类消费者购买饮用水的影响因素主要是价格，对产品和品牌都无太多要求和偏好，对促销活动比较敏感，忠诚度和黏性都很低，比较容易流失。

（2）市场布局

进一步根据收入、健康饮水意识和消费行为抽离出五个市场：领袖市场、核心市场、潜在市场、基础市场和低效市场。

领袖市场。收入高，健康饮水意识强，市场规模小，是新产品和高端产品的消费者，是消费意见领袖，是公司的种子用户。

核心市场。中等收入，健康饮水意识强，市场规模大，是中端产品的消费者，是公司的主流消费人群，是公司的核心用户。

潜在市场。中高收入，健康饮水意识弱，市场规模较大，饮水消费需要引导和培育，是公司的潜在用户群。

基础市场。收入低，健康饮水意识强，属于低端基础市场。

低效市场。收入低，健康饮水意识弱，属于低效薄弱市场。

公司选择领袖市场、核心市场、潜在市场和基础市场，作为公司的目标主攻市场。

（3）市场策略

在四个市场区域针对四类群体，采用不同市场策略，精耕领袖市场，主攻核心市场，培育潜在市场，维持低效市场。

5.2.2 按照消费者消费场景进行市场布局

（1）消费场景——户内户外场景

按照消费场景分为家庭户外场景和家庭户内场景。

户外场景又分为户外运动场景和户外休闲场景。

户内场景又分为厨房用水、泡茶用水、母婴用水、儿童用水、保健用水、美容用水。

（2）市场布局——一体两翼的全场景市场布局

根据消费场景，采用一体两翼的全场景市场布局。

一体："家庭健康饮水定制市场"，将健康饮水产业并入大健康产业中。

两翼：户外场景健康饮水市场和户内场景健康饮水市场。

5.3　产品布阵

5.3.1　建立不同层次的产品体系

根据需求特征布局，建立不同层次的产品体系，以满足不同消费层次的用户消费需求，建立"高端、中端和低端"三个层次的产品纵向体系。

不同层次的产品体系需要用不同品牌进行标定，产品层次的品牌化解决两个问题：对接不同市场和建立价格屏障。通过品牌标定对接不同市场，让不同群体建立品牌偏好。通过品牌标定建立价格屏障，避免消费者内转下行购买低端产品。

5.3.2　建立不同品类的产品体系

综合不同消费场景、消费群体、产品功能建立以"家庭健康饮水"为核心的一体两翼的产品类别体系，匹配不同消费场景、不同消费人群的特定需求。

（1）户外产品类别

户外两个消费场景：运动场景和休闲场景。

针对两个场景打造：运动场景用水和休闲场景用水。

（2）户内产品类别

针对户内场景打造两个产品类别：标准家庭健康用水和特色家庭健康用水。

①标准家庭健康用水

标准家庭健康用水类别，标准化、规模化满足家庭健康饮水的绿色、天然、健康的高品质饮水需求。

②特色家庭健康用水

根据特定人群和特定需求，开发特色家庭健康用户。

特色家庭健康用水又分为：特定功能用水和特定群体用水。

特定功能用水包括：厨房用水（如煲汤用水、煮饭用水）、泡茶用水、保健用水（如便秘）、美容用水（如美容喷雾水）。

特定群体用水包括：母婴用水、儿童用水。

5.4 品牌架构

5.4.1 架构思路

×××品牌架构思路是：目标明确、核心聚焦、体系完整、重点突出。

（1）目标明确

公司的营销战略核心是服务于"家庭健康饮水定制市场"。品牌架构体系的目标就是为围绕"家庭健康饮水定制市场"构建完整科学的品牌体系，对接不同消费层次、消费场景的多样化、深层次的需求。

（2）核心聚焦

围绕"家庭健康饮水定制市场"构建完整科学的品牌体系，对接不同消费层次、消费场景多样化、深层次的需求，需要打造品牌核心价值，以统合整个品牌体系，对接"家庭健康饮水定制市场"的核心需求。品牌核心价值将"家庭健康饮水定制市场"不同细分市场的战术价值有机地联系在一起。

（3）体系完整

建立纵向品牌分层、横向品牌分类的品牌架构体系，并以"纵向分层为主、横向分类为辅"的品牌组合方式建立完整科学的品牌架构体系。

（4）重点突出

在整个品牌体系中，针对"家庭健康饮水定制市场"中的"主流群体"建立一个主打品牌，建立主流市场品牌。

主流市场品牌，匹配×××核心市场和潜在市场（合并为主流市场）的"回避极端"和追求性价比的消费需求，建立×××主打市场形象。

按照"纵向分层为主、横向分类为辅"的品牌组合方式，×××的主打品牌应该是"纵向品牌体系"中的中端品牌，在纵向品牌系列中，高端品牌通过高端形象拉动中端品牌，低端品牌通过价格防御避免竞争对手从低端侵蚀保护中端品牌。

主打品牌是×××获利性和成长性品牌。主打品牌兼顾品牌溢价和市场规模成为公司获利性的主要来源；与此同时，以主打品牌为核心建立的品牌资产进行市场拓展和产品延伸，可以获得广义的成长性。

5.4.2 品牌架构

（1）组织品牌

组织品牌——×××。×××公司的企业名称为：贵州×××绿色实业有限公司。以公司的字号×××为公司的组织品牌。

组织品牌必须有明确的宗旨、使命和目标，即服务于"家庭健康饮水定制市场"，强调企业的"专注""专业"和"专长"，分别对应"我们专注做一件事""我们专业做一件事""我们擅长做一件事"。

（2）主品牌

主品牌——×××。公司的"主品牌"与组织品牌一致，也为×××。当公司的主品牌与组织品牌一致时，可以减少公司的品牌推广成本。当公司产业比较单一或者产业之间关系紧密时，一般采用这种方式，如联想、TCL、苹果等。当公司进行多元化经营，产业之间关联度低时，一般建议不采用这种方式，如公司医药产业建议不使用×××品牌。但是，如果公司打造"大健康产业群"，将×××组织品牌提升到大健康产业的高度，产业之间可以兼容，则可以使用×××。

"主品牌"是组织品牌在营销战略上的落地。组织品牌服务于"家庭健康饮水定制市场"。"主品牌"解决向"家庭健康饮水定制市场"提供什么核心价值的问题，以满足这个市场的核心需求，即"专注、专业、专长"的市场体现。

（3）子品牌

①用"子品牌"丰富品牌体系。×××服务于"家庭健康饮水定制市

场"，要建立完整的产品服务体系和品牌体系全方位覆盖户内户外多场景、多层次消费人群，满足多样化、深层次的健康饮水需求。为了实现这一目标，需要对市场进行细分，对"家庭健康饮水定制市场"进行纵向分层、横向分类。

②用"子品牌"区隔细分市场。要满足不同细分市场的多样化、深层次需求，就要用子品牌加以区隔，在主品牌的基础分化出子品牌，用于对接细分市场，提供独特子品牌，在主品牌核心价值基础上，提供不同细分市场的独特价值。

③用"子品牌"满足细分需求。主品牌提供核心价值，回应市场核心诉求；子品牌在核心价值基础上，进一步深化，回应细分市场的特殊诉求。

④"子品牌"的构成。从纵向层次上，按照消费层次分为高端品牌、终端品牌、低端品牌三个不同层次的子品牌。从横向类别上，按照消费群体和消费用途分为不同类别子品牌。

⑤"子品牌"的命名。在纵向层次上，一般用"主品牌+子品牌"的复合命名方式，如宝马 X1、宝马 X3、宝马 X5。在包装饮用水行业也有类似的做法，如景田百岁山。在横向类别上，一般用"品牌+群体类别"或"品牌+用途类别"的命名方式，如吉列男士剃须刀、吉列女士剃须刀，再如宝马越野车、宝马保姆车。

⑥"子品牌"的名称。按照上述命名方式，三个层次的"子品牌"的品牌名称分别：

高端品牌："×××-山知水心"；

中端品牌："×××-×××"；

低端品牌："×××-小飞龙""×××-松竹音""×××-冰松"。

按照上述命名方式，从横向类别上，按照消费群体和消费用途分为不同类别子品牌，其名称如下：

消费群体品牌："×××母婴用水""×××儿童用水"等；

消费用途品牌："×××厨房用水""×××泡茶用水"等。

⑦"子品牌"的标注。在不同规格的所有产品上都必须出现"子品牌"完整的信息。不同层次"子品牌"用"双品牌"标注，瓶盖和桶盖上打上主

品牌，瓶体和桶体上打上子品牌，如"×××-山知水心"子品牌，在瓶盖和桶盖上打上×××标识，在瓶体和桶体上打上"山知水心"。不同类别"子品牌"在瓶盖上打上×××，瓶体上打上"×××母婴用水"。

5.5　品牌定位

5.5.1　组织品牌

（1）组织品牌定位

组织品牌定位有两种方法：业务类别和业务专长。"×××"的组织品牌定位如下："家庭健康饮水定制专家"。

（2）组织品牌定位支撑

围绕"家庭健康饮水定制专家"的组织定位，提炼出四大战略支撑体系："绿色生态水源""天然健康水质""高端定制产品""社区直供网络"。

（3）组织品牌定位信息表达

定位信息内容的表达采用标题式内容。采用两种方式：

"家庭健康饮水定制专家"——"贵州×××"；

"贵州×××"——"家庭健康饮水定制专家"，两种表达方式适应不同媒介。户外媒体宣传口号用前者，其他地方用后者。

5.5.2　主品牌

（1）主品牌定位

主品牌属于产品品牌。因为主品牌统合了不同层次子品牌和不同类别子品牌，而不同层次子品牌和不同类别子品牌分属于品质、功能和品位上的品牌，因此，主品牌最好采用品类定位的方式，对不同层次和不同品类子品牌进行统合。

根据×××整个产品体系共性——天然、健康、活性矿泉、高原深岩层采集，并与竞争对手进行区分，承接和深化组织品牌定位（家庭健康饮水定制专家），建议采用"高原深岩层活性矿泉"的类别定位。

（2）主品牌定位支撑

围绕"高原深岩层活性矿泉"的品牌定位，提炼出两大卖点支撑体系："高原深岩层天然泉水""富含天然活性矿物质"。

（3）主品牌定位信息表达

定位信息内容分为两个部分："标题式内容"和"详情页内容"。

①标题式内容。"天赐×××，活泉自然来"——×××高原深岩层活性矿泉，或者"天成地就×××，一杯活泉自然来"——×××高原深岩层活性矿泉。

②详情页内容。详情页内容一般用于新媒体内容营销，也可以用于传统纸媒体如"宣传单页""家庭健康饮水指南"文案内容范例如下：

"天赐×××，活泉自然来"

×××实业为"家庭健康饮水"匠心打造的×××高原深岩层活性矿泉属于"高原深岩层天然泉水"，"富含天然活性矿物质"。

高原深岩层天然泉水。×××取自高原生态水源保护区地下330米的古老岩层下的天然深泉，经历了漫长的地质年代，溶解、富集了周围岩石的矿物质和微量元素，形成了清澈、安全、卫生、无污染又富有营养的饮用天然泉水，其各项指标均达到了国家饮用天然矿泉水标准。

富含天然活性矿物质。×××富含人体所需的活性矿物质。主要活性矿物质包括：**偏硅酸（H_2SiO_3）、锶（Sr）、锌（Zn）、硒（Se）、钾（K+）、钠（Na+）。**这些活性矿物质具有养生保健功效：

偏硅酸（H_2SiO_3）：可软化血管，预防心血管硬化，壮骨骼，促发育；

锶（Sr）：可降低某些心血管疾病的死亡率；

锌（Zn）：调节人体机能，促进智力和性腺发育；

硒（Se）：抗癌粒子，能增强体液和细胞的免疫反应，可预防克山病和心血管病的发生；

钾（K+）：提供人体所需能量——ATP 的重要成分；

钠（Na+）：有助于调节人体水分均衡，促进神经肌肉兴奋。

5.5.3 子品牌

（1）不同层次子品牌定位

子品牌按照不同层次和不同类别分为不同品牌。

按照不同层次分为三个层次的子品牌：高端品牌、中端品牌和低端品牌。

高端子品牌：×××-山知水心，定位方法建议采用品类+品位定位方法，品类与主品牌"×××"相同，品位定位建议采用"高雅轻奢品质生活"，信息表达为"天地精华、品质生活"。

中端子品牌：与主品牌相同。

低端子品牌：主推"×××-小飞龙"，定位方法采用品类+品位定位方法，品类与主品牌"×××"相同，品位定位建议采用"大众乐活的生活方式"，信息表达为"健康饮水，乐享生活"。

（2）不同类别子品牌定位

不同类别的子品牌按照群体和用途划分群体品牌和用途品牌。不同用途和不同群体的子品牌定位，采用特定群体和特定用途的类别定位+使用者或用途专用水定位方法，如"×××母婴专用""×××儿童专用""×××厨房专用""×××泡茶专用"。

综上所述，"×××"品牌体系的定位，采用"组织品牌引领""主品牌统合""子品牌对接"的品牌价值定位体系。组织品牌"引领家庭健康消费"，主品牌"统合品牌体系核心"，子品牌"对接特定市场需求"。

5.6 品牌推广

5.6.1 品牌推广目标

品牌推广目标有三个：认知、认同和认购。

　　认知属于思想的范畴，推广提供描述性信息和事实，建立受众"是什么"的认知，如×××组织品牌的认知"家庭健康饮水定制专家"。

　　认同属于态度的范畴，推广提供竞争性说辞和证言，建立受众"为什么"的态度。×××组织品牌"家庭健康饮水定制专家"的理由是"绿色生态水源""天然健康水质""高端定制产品""社区直供网络"。

　　认购属于行为的范畴，推广提供行动刺激性诱因，诱导受众"试用行为"的产生，如"优惠活动、现场体验、专家证言、名人代言、用户代言"。

　　公司的品牌推广目标是：综合运用天网、地网和人网三网合一的整合推广方式，低成本、高效率地影响目标市场群体，达到建立目标群体"认知、认同和认购"的传播目标。

5.6.2　品牌推广手段和推广模式

　　公司在品牌推广中，采用了"三网整合的品牌推广模式"。

　　"三网"，即"天网""地网"和"人网"。

　　"天网"是指建立以"公众号、微博、小程序和官网"四位一体的天网推广体系。

　　"地网"是指建立以"水博物馆、仓配终端、社区驻点和活动赞助"四位一体的地网推广体系。

　　"人网"是指建立以"员工、合伙人、用户、专家"四位一体的人网推广体系。

　　"三网整合"即通过"天网"线上推送和互动、"地网"线下生活场景植入、"人网"人际社交口碑，立体式全方位的品牌推广体系。

第 2 章
品牌联合的理论框架

1　品牌联合的概念

1.1　品牌联合的起源

1.1.1　品牌联合在品牌管理中的定位

在本书的第 1 章，将品牌管理的理论框架分为三个部分：品牌决策管理、品牌塑造管理和品牌利用管理。

品牌利用管理又包括品牌延伸、品牌授权和品牌联合。

品牌延伸和品牌授权都是通过利用现有品牌推出新产品，进入新市场，来充分利用品牌的资产价值。所不同的是，品牌延伸是品牌所有者利用自己建立的品牌推出新产品，从新产品的经营中获利；品牌授权是品牌所有者将品牌授权给其他厂商推出新产品，从品牌授权交易中获利。前者是从产品经营中获利，后者是从品牌资产经营中获利。

品牌联合的内容之所以归并到品牌利用管理中，是因为品牌联合也是同时对两个或两个以上的品牌资产价值的利用。

但是，品牌联合与品牌延伸和品牌授权不同。品牌联合是利用两个或两个以上的品牌推出新产品。因此，经过品牌联合既产生新的产品（联合品牌产品），也产生新的品牌（联合品牌）。

因此，品牌联合既是品牌资产的利用方式，也是品牌资产的创建方式。

1.1.2　品牌联合的商业起源

品牌联合的商业实践的历史可以追溯到 20 世纪初期。

早在 1908 年，福特汽车公司和凡士通轮胎公司进行品牌联合。福特汽车与凡通轮胎进行合作，联名推出带有凡士通轮胎的福特汽车，福特汽车公司利用凡士通轮胎品牌的知名度极大地促进了福特汽车的销售。

品牌联合在商业实践中得到广泛应用始于 20 世纪 80 年代后。

例如，在 20 世纪 90 年代初期开始及以后的数十年里，几乎所有电脑品牌厂商都与英特尔公司展开合作，推出具有"Intel"处理器的电脑品牌。由于芯片厂商英特尔越过电脑厂商向消费者用户进行塑造的 Intel 处理器品牌对市场的强大影响，其产品因其较高的知名度经常被计算机制造厂商采用，并在其营销推广中强调"Intel Inside"。对终端厂商而言，其向用户呈现的是含有英特尔芯片处理器的电脑；对电脑终端用户而言，其购买的电脑是包含处理器品牌和电脑品牌的双品牌产品。

英特尔和终端品牌电脑厂商联名推出电脑品牌是产业链上下游厂商之间的合作，使终端产品具有两个品牌，上游厂商品牌产品是终端产品的组成部分，这种品牌联合类型被称为"成分品牌"联合，终端产品含有终端"主品牌"和"成分品牌"。

当品牌联合涉及的合作品牌都是终端产品品牌时，就是利用两个成品品牌推出新产品，也即利用两个品牌推出新产品或服务。这与成分品牌联合不同，新产生的联合品牌产品与原合作品牌产品没有关联，同时产生了新产品和新品牌（联合品牌）。成品品牌联合与品牌延伸有点类似，是利用现有品牌推出新产品或新服务；成品品牌联合又与品牌延伸有所不同，是利用两个不同厂商的品牌推出的双品牌产品。

成品品牌联合的例子如索尼（Sony）和爱立信（Erission）联合推出一款兼有两大公司品牌的索爱（Sony-Erission）手机。新的品牌整合了索尼

（Sony）和爱立信（Erission）两个品牌的品牌属性，使联合品牌索爱同时具有了索尼的高科技形象和爱立信的通讯专长形象。

无论是成分品牌联合，还是成品品牌联合，品牌联合涉及两个或更多品牌共同向市场推出产品或服务。

1.1.3 品牌联合概念的提出

在商业实践中，品牌联合的概念，始于 Juliette Boone 在 20 世纪 80 年代依据世界上第一家达到 10 亿美元规模的假日酒店集团与美国著名海鲜连锁企业红龙虾餐厅联合推出的新式餐厅活动，提出联合品牌的概念。

在品牌联合理论研究中，国际文献中早期对"品牌联合"的商业实践形象抽提了两个概念：品牌联合（co-branding）和品牌联盟（brand alliance）。

品牌联合和品牌联盟两个概念既有联系又有区别。

两者的联系表现在：

品牌联合和品牌联盟都涉及两个或两个以上的品牌之间的合作；

两者都会对需方产生影响（向市场发出合作信号，对消费者产生影响）。

两者的区别表现在：

品牌联合更加强调合作品牌的紧密合作，用多个品牌推出新品牌产品；

品牌联盟更加强调合作品牌的多种形式的合作，推出新产品、联合促销等。

另外，"品牌联盟"的概念，演化于企业之间的战略联盟，所以更加强调对合作企业的资源的利用以及对企业经营产生的影响，即强调"供方效应"；而品牌创建和品牌利用主要强调的是"需方效应"。

本质上，品牌归企业所有，但品牌存在于消费者心智中，没有消费者对品牌的记忆和联想，就没有品牌，也就没有品牌价值。品牌联合是利用现有合作品牌价值（消费者关于合作品牌的记忆和联想），来建立新的联合品牌，通过信息节点的联结，创建新的品牌联想。

因此，采取"品牌联合"更能表达合作伙伴品牌共同合作发挥市场协同效应的本质。

1.2　品牌联合的概念

通过梳理品牌联合的相关文献，国内外学者对品牌联合有如下定义：

（1）品牌联合是两个或以上企业通过合同方式联合使用多个品牌推出新产品的一种合作方式，以通过多个品牌的连接相互获得利益和品牌知名度（Anderson，Narus，1990）①。

（2）品牌联合是指使用多个品牌推出一个产品，以丰富消费者的认知和联想（Friedman，1991）②。

（3）品牌联合是指一个厂商通过与其他厂商的品牌进行组合形成新的品牌，借以改变和丰富自己品牌的消费者质量感知和消费者联想（Shocker，1994）③。

（4）品牌联合是指两个或更多企业参与合作，利用各种品牌资产推出新产品或进行联合促销，这种合作方式可以是短期的联合促销，也可以是合作推出新产品的长期合作（Rao，Ruekert，1994）④。

（5）品牌联合是指将现有的两个或以上的成品品牌进行组合来标定一个新产品，即用复合名称推出新产品，对合作品牌来讲，是进行复合品牌延伸（Jun，Shocker，1996）⑤。

（6）品牌联合是指将两个品牌结合起来进行联合市场推广、联合推出新产品的市场行为（Grossman，1997）⑥。

① Anderson J C, Narus J A. A Model of Distributor Firm and Manufacturer Firm Working Partnerships. Journal of Marketing, 1990, 54 (1)：42-58.

② Friedman M A. "Brand" New Language. Westport CT：Greenwood Press, 1991：78.

③ Shocker A D. Positive and Negative Effects of Brand Extensions and Co-Branding. Advances in Consumer Research, 1995 (22)：432-434.

④ Rao, Akshay R, Robert W. Ruekert, Brand Alliances as Signals of Product Quality. Sloan Management Review, 1994 (36)：88.

⑤ Park C W, Jun S Y, Shocker A D. Composite Branding Alliance：An Investigation of Extension and Feedback Effect. Journal of Marketing Research, 1996, 33 (4)：453.

⑥ Grossman R P. Co-Branding in Advertising. Journal of Product and Brand Management, 1997, 6 (3)：191.

（7）品牌联合是指使用消费者评价高的两个品牌进行合作，从长期角度用两个品牌推出新产品，或者从短期角度进行联合促销活动，品牌联合在一般情况下不设立新的企业（Blackett，Boad，1999）①。

（8）品牌联合有广义和狭义之分。从广义角度，品牌联合是指使用两个品牌进行的所有营销合作，包括联合市场推广、联合产品分销、联合推出新产品等；从狭义角度，品牌联合是指使用两个品牌组合起来推出新的产品的合作方式（Leuthesser，Kohli，Suri，2003）②。

上述国外学者，从不同角度对品牌联合进行了界定。有的学者是从企业合作方式的角度，有的学者是从品牌厂商品牌资产价值利用的角度，有的学者是从市场营销活动的角度，有的学者是从市场效应的角度，有的学者是从品牌塑造的角度，有的学者是从品牌延伸的角度对品牌联合进行的界定。

中国学者范秀成（2000）认为，品牌联合指是指那些在消费者心目中具有较高的认知度，分属不同企业的两个或多个品牌进行合作的一种形式，而在联合品牌中又会保留各自的品牌③。显然，范秀成是从狭义的角度对品牌联合进行的定义，把通过品牌联合进行的营销推广和产品分销等短期合作方式排除在外。

通过对国内外文献的探讨和梳理，可以看出，对品牌联合的定义在表达形式和观察的视角上存在差异，但是从学者研究中可以看出"品牌联合"具有下列特点：

（1）进行联合的两个或多个品牌一般分属不同的企业；

（2）用于联合的品牌具有较高的品牌资产价值，即认知度和美誉度高；

（3）无论是什么联合方式，都使用了两个或以上的品牌名称。

---

① ［英］汤姆·布莱科特，鲍勃·博德. 品牌联合. 北京：中国铁道出版社，2006：10.

② Lance Leuthesser，Chiranieev Kohli，Rajneesh Suri，2+2＝5？ A framework for using co-branding to leverage a brand. Journal of Brand Management，2003（11）：36.

③ 范秀成. 论近年西方跨国公司品牌管理的战略性调整. 外国经济与管理，2000（10）.

同时，从学者研究中，还可以看出"品牌联合"的目的：

（1）品牌联合是对现有品牌资产价值的利用，是品牌资产的利用方式；

（2）品牌联合是要利用多个品牌创建新的联合品牌，是品牌资产的创建方式；

（3）通过多个品牌进行联合促销，获得品牌推广的协同效应；

（4）无论是创建新品牌还是联合促销都是为了降低品牌塑造的成本；

（5）联合的目标是获得市场的协同效应，如快速推出新产品，扩大产品分销范围，提升营销推广效果。

虽然学者们对于品牌联合的定义表达形式不同，但从品牌联合的目的和品牌联合的特点来看，对品牌联合的多样化的概念界定，可以丰富品牌联合的研究和品牌联合的实践，而且这并不影响对"品牌联合"的本质把握。

综合起来，从品牌联合的概念范畴中，可以得出下列初步结论：

（1）品牌联合的目的是通过资源外取方式建立新的品牌

企业进行品牌联合的目的是合作双方通过借助外部品牌，使用联合品牌推出新产品，建立新市场。

同时，通过品牌联合，统合多个品牌的属性，改善和丰富企业自身品牌的形象，强化品牌特征，建立新的品牌竞争优势，获得对市场的更加广泛的影响力。

（2）品牌联合可以分为战略联合和战术联合

品牌联合的时间可长可短，通过利用各自品牌的优势资源，共同合作进行营销活动，例如联合推出新品、联合广告、联合展示、联合分销等。

当两个品牌经过合作共同推出一个新的产品时，例如索尼与爱立信推出索爱手机，这表示双方将会建立起长期的伙伴关系，属于战略性品牌联合。

但是，如果仅仅是出于促销的目的达成合作关系，比如联合促销或产品捆绑，则是一种短期的市场拓展行为，属于战术性品牌联合。

可以说，不管是建立长期的战略伙伴关系还是短期的联合促销行为，品牌联合都可以帮助合作品牌迅速打开市场，获得新的市场资源，高效利用企业资源，进而降低成本和提高利润，同时积累和提升品牌资产价值。

（3）品牌联合的本质是使用多个品牌进行合作的品牌经营行为

无论是战略性品牌联合，还是战术性品牌联合，都使用多个品牌推出新产品或者通过向用户呈现多个品牌来进行联合促销。

本研究关注的是企业的品牌经营行为，探索的是品牌联合的战略属性，因此，将品牌联合界定为：品牌联合是多个厂商通过两个或两个以上现有独立品牌进行联结，向市场推出带有多个品牌名称的新的产品的品牌经营活动。

2 品牌联合的理论基础

品牌联合的理论基础是指用于解释品牌联合的市场效应的理论。

厂商之间通过品牌联合，向市场推出联合品牌产品，市场中的消费者对新推出的多品牌产品的反应如对联合品牌的评价、对合作品牌的评价以及对联合品牌采取的其他行为等称为品牌联合的市场效应。

品牌联合对消费者而言是一种"信号刺激"，消费者接收到这种信息，对联合信息进行处理，会导致心理反应和行为反应。

在"品牌联合信号"刺激下，是什么前因变量导致消费者反应的结果变量，以及为什么会产生消费者反应的结果变量，需要用一定理论对此进行解释，即品牌联合的理论基础。

通过文献探讨，发现目前用于解释品牌联合的市场效应的理论主要有三个：

（1）信息整合理论；

（2）联想网络记忆理论；

（3）信号理论。

2.1 信息整合理论

人的认知、态度和行为是受到多种环境刺激因素影响形成的。

这些环境刺激因素包括内部环境要素如个人的心理、情绪、价值观等和外部环境要素如文化环境、其他群体的价值观、生活方式、企业广告等。

接收到各种刺激因素的人，在大脑中按照一定的规律对接收到的刺激信号进行处理，会导致特定认知、态度和行为的产生。

因此，企业在市场营销活动中要判断并预测消费者的反应，就必须对"消费者反应"背后的各种因素进行综合性分析。

在 20 世纪 60 年代，美国心理学家 Norman H. Anderson 提出了信息整合理论（Information Integration Theory）①。

这一理论解释了外部环境刺激因素如何形成和相互作用，进而改变人的认知、态度和行为。

信息整合理论主要解释了信息接收者是怎样在大脑中接受、整合外部环境因素产生的刺激信息，建立关于外部"对象"的认知，并以此为基础形成对外部客观对象的态度，进而产生一定的行为反应的过程。

在"这一过程"中，外部刺激信息是一种推动力量，驱动了信息接收者的认知系统的形成。信息接收者的认知又导致了其态度的形成。"态度"是信息接收者对"客观对象"形成的信念和评价，如好的还是坏的，是积极的还是消极的。信息接收者的"态度"又进一步影响其对"客观对象"采取的行为。信息建立了认知，认知影响人的立场，立场又影响人的行为。

市场营销中的营销传播就是通过提供产品属性信息让消费者建立关于产品属性的认知，又通过竞争性广告建立关于产品的立场（态度），再通过销售促进如打折诱发消费者的购买行为。

信息整合理论提出后，在社会学、心理学和行为学领域得到广泛应用和进一步发展，并在这些领域取得了丰硕成果。对道德判断、比较判断、效用理论以及人的知觉（印象形成）等方面的研究产生了巨大影响。

在品牌联合的情境中，当两个厂商进行合作，用两个品牌推出新产品，使

---

① Norman H. Anderson. Foundations of Information Integration Theory. Academic Press，1981.

消费者接收到两个品牌联合的信息刺激时，消费者接收到品牌联合信息将两个合作品牌的品牌属性信息进行整合，形成关于联合品牌的认知，进而建立有关联合品牌的立场（态度），这种对联合品牌的评价可能改变消费者行为，如形成购买意向等。

信息整合理论可以用来解释品牌联合的市场效应，成为解释品牌联合效应的理论机制。

因此，信息整合理论构成品牌联合的理论基础。

2.2 联想记忆网络理论

联想网络记忆理论解释了信息刺激如何导致信息接收者激活记忆节点以及如何建立节点联系网络的现象。

依据联想记忆网络理论，人们的记忆是由一个个节点连接起来所组成的节点群，在这个群中，有些节点是相互关联的，每一个节点就像一个房间储存与特定事物相关的信息；当人们接收外部信息刺激时，与之相关联的节点就会被启动，进而就会回忆起相对应的一些信息；同时需要注意的是，如果两个节点间的关联性较强，那么当一个节点启动时，另一个也会被随之带动① （Samu，1999）。

当消费者联想到某一品牌时，与该品牌相关的一些特征和属性节点都会被逐渐激活，并建立属性节点之间的联结。例如，当提到"百岁山"品牌时，消费者会联想到"水""矿泉水""健康""安全""矿物质""活性矿泉"等信息节点，并可以把这些信息节点联系起来，产生"百岁山是矿泉水""百岁山对健康有益"等品牌联想。

可用信息节点的联想强度、联想节点的范围广度和联想节点的关联性来衡量联想的质量。联想强度是指联想的信息节点的独特鲜明程度，联想的信息节

---

① Samu S H, Krishnan S, Smith R E. Using Advertising Alliances for New Product Interduction: Interactions between Product Complementarities and Promotional Strategies. Journal of Marketing. 1999, 63 (1): 57-74.

点越独特，联想的强度越高。联想节点的范围广度是指联想节点的多少即节点的数量，联想的信息节点越多，说明联想的信息内容越丰富。联想节点的关联性是指联想信息节点能够被建立联系的程度，即信息节点之间的关联程度，联想信息节点之间的关联性越高，消费者信息处理越流畅，信息传递效率越高。

信息联想强度越高、联想范围越高、联想关联性越强时，消费者在处理信息时，越容易建立认知、形成品牌态度，越容易进行品牌选择行为。

消费者对品牌认知是通过对与品牌相关的诸多信息节点进行联结，形成的总体联想，这些联想总和就构成了品牌形象，品牌形象又会对消费者行为产生影响，例如对品牌的评价、对品牌的选择、对品牌的推荐、对品牌的忠诚、对品牌的依恋、对品牌的钟爱。

联想网络记忆理论解释了品牌形象如何通过品牌属性决策和品牌传播塑造形成品牌形象的机制，同时也解释了品牌延伸和品牌授权，当然也可以用来解释品牌联合效应的产生机制。

在品牌联合情境下，两个企业进行合作向市场推出联合品牌产品，消费者接收到这种信息后，对两个品牌联想的记忆节点被激活，同时在联想节点之间建立联系。

在两个品牌进行合作之前，消费者对两个品牌已经形成两个品牌的联想记忆网络。在一般情况下，进行联合的两个品牌有一定的品牌资产价值，即消费者对两个品牌都存在丰富的品牌联想，在消费者心中建立了品牌形象。当两个品牌进行合作形成新的品牌时，消费者对两个品牌的联想信息节点被联结，形成新的联想网络。

例如，当索尼和爱立信进行品牌联合，推出索爱手机时，索尼的高科技形象信息和爱立信的通讯专长形象信息被激活，并建立两个节点高科技和通讯专长的联系，两个信息节点关联程度会直接影响联合品牌的新的联想记忆网络。索尼的核心信息节点高科技联想和爱立信的核心信息节点通讯专长关联程度越高，消费者对联合后形成的新品牌索爱的评价就越高。这解释了两个合作品牌联合的市场效应受到两个品牌的品牌契合度的影响。因此，联想网络记忆理论可以用来解释品牌联合的前因变量对联合效应的影响。

因此，联想网络记忆理论构成品牌联合的理论基础。

2.3 信号理论

信号理论（signaling theory）是经济学家斯宾塞（Spence）于 1973 年提出的，后应用到市场营销中。

Rao 和 Ruekert（1994）认为，市场中买卖双方对信息的掌握程度是不同的，即信息存在不完全性和不对称性。从信息完备性看，卖方知道的信息比消费者知道的信息要多；从信息不对称性看，卖方知道的信息和买方知道的信息不一致。

在市场中，品牌发挥着市场信号的作用。

根据信号理论（signaling theory），品牌发挥信号作用的方式有两种：

（1）减少消费者认知风险

当消费者无法对产品质量、属性和性能进行判断和评价时，消费者通过品牌外部线索来进行购买和消费者决策，品牌在消费者购买和消费中发挥担保作用。

（2）减少消费者搜索成本

当消费者关于某个产品信息掌握的不完全和不对称，导致不确定性风险时，消费者可以通过品牌担保作用，直接进行购买和消费者决策，从而减少消费者的信息搜索成本。

在品牌联合的情境中，两个品牌进行联合时，实际上是向市场传递一种市场信号，当消费者无法通过联合品牌标定的产品属性、质量和性能对联合产品进行判断和评价时（决定于消费者的知识和能力），就可以根据两个合作品牌的担保作用对联合品牌进行判断和评价。

联合品牌来自两个不同的合作品牌，消费者对合作品牌的认知、态度和行为可以向联合品牌进行迁移，对合作品牌评价高，对联合品牌评价也高，因此，信号理论可以用来解释品牌联合的前因变量对联合效应的影响。

因此，信号理论构成品牌联合的理论基础。

3 品牌联合的效应

依据信息整合理论、联想记忆网络理论和信号理论，品牌联合会对消费者认知、态度和行为产生影响。

品牌联合对消费者产生的影响，即品牌联合的消费者效应，又称市场效应，包括联合效应和溢出效应。

当品牌联合发生之后，消费者对联合品牌形成的认知、态度和行为，称为联合主效应，是品牌联合的直接效应，简称为联合效应。

当品牌联合发生之后，消费者对合作品牌的认知、态度和行为可能发生改变，称为品牌联合的间接效应，简称为溢出效应。

Simonin 和 Ruth（1998）提出了品牌联合效应模型，该模型是比较权威的主流模型，大多数学者对联合效应的研究都以此为基础（Simonin，Ruth，1998）。

3.1 联合效应

联合效应是在品牌联合发生后消费者对联合品牌形成的认知、态度和行为。

3.1.1 对联合品牌认知的形成

根据信号理论，合作品牌的信号担保作用使得两个品牌共同对联合品牌标定的产品发挥担保作用。消费者对联合品牌产品的属性、质量和性能认知来源于合作品牌的担保作用。消费者对合作品牌的认知会迁移到联合品牌上。当消费者对合作品牌产品属性、质量和性能的认知判断和评价不良时，消费者对联合品牌标定的产品属性、质量和性能认知评价就会很低。当消费者对合作品牌产品属性、质量和性能的认知判断和评价很高时，消费者对联合品牌标定的产品属性、质量和性能认知评价就会很高。

根据信息整合理论，两个合作的品牌的联合导致了两个合作品牌成为彼此的认知信息形成环境，消费者对合作品牌认知被整合到联合品牌上，形成对联合品牌的认知。当实施强强联合时，会产生积极的认知协同效应；当进行不当的品牌联合时如实施强弱联合时，可能会产生负面的认知协同效应，对一方的不良认知，会连累另一方。

根据联想记忆网络理论，在品牌联合情境下，两个企业进行合作向市场推出联合品牌产品时，消费者接收到这种信息后，对两个品牌联想的记忆节点被激活，同时在联想节点之间建立联系，形成对联合品牌的认知。

3.1.2 对联合品牌态度的形成

当两个品牌进行合作，联合推出新产品，实际上是一种复合品牌延伸，根据联想网络记忆理论和情感迁移模型，消费者对合作品牌态度会迁移到联合品牌上，即消费者对合作品牌态度会转移到联合品牌上。

因此，消费者对合作品牌的积极联想会对联合品牌产生积极评价，相反，消费者对合作品牌的消极联想会对联合品牌产生消极评价。

3.1.3 对联合品牌行为的形成

当消费者对联合品牌形成认知和态度之后，必然会导致消费者对联合品牌行为的改变，因为行为的形成是受认知和态度驱动的。

当消费者对合作品牌有良好认知和积极态度时，进而形成对联合品牌的良好认知和积极评价，必然导致消费者对联合品牌的购买意愿。

在品牌联合后，消费者对联合品牌的形成的认知、态度和行为会影响联合品牌在市场上的表现。消费者对联合品牌评价影响联合品牌在市场的表现，是品牌联合导致的市场效应，品牌联合的市场效应是合作品牌厂商追求的直接利益。

因此，品牌联合的联合效应集中表现为消费者对"联合品牌评价"。

3.2 溢出效应

两个品牌进行联合不仅形成消费者对联合品牌的认知、情感和行为即联合效应，而且，还可能改变对合作品牌的认知、情感和行为，即品牌联合的溢出效应。

Simonin 和 Ruth 在品牌联合策略中提出了"溢出效应"的概念，他们认为消费者对品牌联合的评价影响其随后对各合作品牌的评价[①]（Simonin 和 Ruth，1998）。

溢出效应的概念来源于经济学，是指一个社会主体的行为产生的间接效应。溢出效应有好的溢出效应和坏的溢出效应（在经济学中，被称为好的外部性和坏的外部性）。好的溢出效应，如一个企业的创新扩散，带动产业区域其他企业的技术创新；坏的溢出效应，如一个企业进行经营活动，带来环境破坏，株连社区环境的恶化。

在品牌联合中，溢出效应是指"品牌联合事件"导致合作品牌的消费者评价的改变，这种改变可能是好的改变，也可能是坏的改变；有短期的改变，也有长期的改变。

因此，根据不同性质，可以将溢出效应分为好的溢出效应和坏的溢出效应；根据时间长短，可以将溢出效应分为短期的溢出效应和长期的溢出效应。

3.2.1 好的溢出效应和坏的溢出效应

当品牌联合发生时，这种"好的改变"是在品牌联合后，参与合作的品牌的消费者评价得到提升，即好的溢出效应。

当品牌联合发生时，这种"坏的改变"是在品牌联合后，参与合作的品牌的消费者评价降低，即坏的溢出效应。

---

① Simonin, B L, Ruth J A. Is a Company Known by the Company It Keeps? Assessing the Spillover Effects of Brand Alliances on Consumer Brand Attitudes, Journal of Marketing Research, 1998, 35: 30-42.

（1）好的溢出效应

好的溢出效应是品牌联合导致消费者对原合作品牌评价变好即品牌价值提升的现象。

好的溢出效应的产生是基于两个合作品牌本身品牌评价高、两个合作品牌契合度好、两个合作品牌标定的产品契合度高，消费者很看好这两个品牌的合作，对联合行为给予良好评价。

在这种情景下，当联合产生时，消费者对联合品牌评价也高，进而对两个合作品牌的评价进一步提高，并伴随联合品牌标定的产品的推出和随后的市场推广活动，随着联合品牌一起得到市场曝光，消费者对合作品牌认知和评价进一步提升，从而获得"好的溢出效应"

（2）坏的溢出效应

坏的溢出效应是在不对称、不一致的品牌联合中产生的。

当两个品牌资产价值不对等时，资产价值高的品牌在品牌联合后消费者评价可能降低，品牌评价可能受到品牌资产价值低的合作品牌的拖累；资产价值低的品牌在品牌联合后消费者评价可能提升，品牌评价受到品牌资产价值高的合作品牌的正面影响而得到改善。

当两个合作品牌的品牌契合度和合作品牌标定的产品契合度低时，品牌联合后产生的溢出效应，可能使两个合作品牌评价都降低，这是由于两个品牌契合度和产品契合度低产生的心理冲突导致的。

例如，假设洗发液品牌"海飞丝"和手机品牌"苹果"进行品牌联合。这两个品牌联合就会导致消费者的心理冲突。两个品牌标定的产品分别是洗发水和手机，产品类别的巨大差异和品牌形象的巨大差异反映的是品牌背后厂商的专业性不一致和品牌核心价值的不一致。消费者对这两个品牌的合作产生心理冲突和认知混乱，对海飞丝苹果这个联合品牌的评价就会很低，这又会导致两个品牌联合推出的新产品如洗洁精产品评价很低，进一步，消费者对苹果品牌和海飞丝的专业形象的品牌联想产生混乱，影响两个品牌的资产价值，给品牌联想带来认知上的混乱，从而加大了品牌资产价值降低的风险。

无论是好的溢出效应，还是坏的溢出效应，都是由品牌联合的前因变量决定的。

前因变量对溢出效应的影响可以用联想网络记忆理论、信息整合理论和信号理论来进行解释。

3.2.2 短期的溢出效应和长期的溢出效应

（1）短期的溢出效应

短期的溢出效应是在品牌联合事件发生的当期，品牌联合对合作品牌的消费者评价的影响。

短期的溢出效应是品牌联合短期内，消费者对参与合作的品牌评价发生改变，进而导致对合作品牌的评价发生改变，进一步对合作品牌的产品市场销售状况产生影响，由此导致参与联合的合作品牌获利性发生改变。

（2）长期的溢出效应

长期的溢出效应是在品牌联合事件发生的远期，品牌联合对合作品牌的消费者评价产生的影响。

长期的溢出效应是消费者对参与合作的品牌评价发生长期改变，进而导致合作品牌产品的市场销售状况发生长期改变，进一步影响参与品牌联合的两个合作品牌的资产价值的改变，即参与联合的合作品牌成长性发生改变。

因此，从品牌联合的溢出效益的时间看，品牌联合既是策略行为也是战略行为。

从短期看，参与合作的市场主体通过品牌联合推出新产品，开拓新市场，改变合作品牌产品的市场影响和市场销售状况，增加企业获利性，是一种市场策略行为。

从长期看，参与合作的市场主体通过品牌联合推出联合品牌建立新的品牌资产，同时改变原合作品牌的品牌资产价值，增加企业成长性，是一种战略行为。

从这个意义上，品牌联合既是一种策略行为，也是一种战略行为。

4　品牌联合的理论框架

4.1　品牌联合涉及的变量及其关系

前面，对品牌联合的联合效应和品牌联合的溢出效应进行了分析，下面进一步分析品牌联合的前因变量和调节变量，以及这些变量之间的关系，并对变量之间的关系进行理论解释。

4.1.1　前因变量及其影响方式

以福特汽车和埃迪·鲍尔服装的联合为例，来分析品牌联合涉及的变量及其关系，用于揭示品牌联合决策者在品牌联合中的决策依据。

福特是美国汽车公司，同时也是该公司的汽车主品牌，福特旗下有很多汽车品类和子品牌，统合在福特旗下。福特的核心品牌联想是"汽车传奇、产品舒适、环境友好"。

埃迪·鲍尔是美国零售商，拥有 500 多家商店，同时拥有自己的服装品牌，产品类别以户外运动和休闲为核心，品牌核心联想为"户外、高品质、高品位"。

两个企业通过品牌联合进行合作，埃迪·鲍尔把品牌授权给福特，两家企业通过品牌联合推出福特探索者埃迪·鲍尔高端越野车，为福特品牌家族增加了一个新的子品牌。双方合作长达 20 年之久，向市场提供的福特探索者埃迪·鲍尔版本的高端越野车超过 100 万辆。

福特公司从品牌联合中得到的利益包括：联合品牌推出的产品市场销售获利，通过联合进入户外高端市场，福特品牌资产价值增加。

埃迪·鲍尔从品牌联合中得到的利益包括：参与品牌联合从联合产品市场销售中获利（以品牌授权费名义），通过品牌联合进入汽车市场（高端越野汽车品类市场），埃迪·鲍尔品牌资产价值增加。

从福特和埃迪·鲍尔的品牌联合案例中，我们可以提取的前因变量至少有三个：

①合作品牌评价；

②合作品牌契合度；

③合作品牌标定的产品契合度。

（1）合作品牌评价

消费者对福特品牌的评价，以及消费者对埃迪·鲍尔的品牌评价显然会影响对福特探索者埃迪·鲍尔越野车的评价。

（2）合作品牌契合度

消费者对两个品牌形象一致性感知，即福特品牌和埃迪·鲍尔品牌的一致性感知，会影响对福特探索者埃迪·鲍尔越野车的评价。

两个品牌的联合必须建立在同一性和差异性的基础上。

同一性是两个品牌有融合的基础，差异性是两个品牌有联合必要的基础。

从"同一性"看，福特品牌和埃迪·鲍尔两个品牌融合的基础是使用者形象和使用场景的一致性。两个品牌的使用者形象都是从事户外运动和休闲活动的人群，品牌使用场景都是户外休闲和运动。

从"差异性"看，福特品牌和埃迪·鲍尔两个品牌在核心联想上的异质性，通过品牌联合将两个品牌的联想纳入一个品牌中，新的品牌福特探索者埃迪·鲍尔富含两个品牌的联想，超越了单个合作品牌的联想内容，品牌联想的范围更加宽泛，也更加丰富。

（3）合作品牌产品契合度

合作品牌产品的契合度，是合作品牌标定的产品类别的一致性。福特品牌是福特汽车公司的商号品牌，同时是福特公司的产品品牌；埃迪·鲍尔是户外产品零售商公司的商号品牌，同时是埃迪·鲍尔公司的服装品牌。

表面上服装与汽车两个产品类别差异很大，但是分析两个品牌的产品类别的需求目的，就可以看出二者的一致性，福特汽车是户外运动的工具，埃迪·鲍尔服装是专业的户外运动服装。

因此，两个品牌标定的产品类别都是满足户外运动需求的，目标人群和目标需求有较高的契合度。

（4）联合效应

前面已经论述，品牌联合的联合效应是消费者对联合品牌的评价。在这个案例中，品牌联合的联合效应是在福特与埃迪·鲍尔联合后，消费者对联合品牌福特探索者埃迪·鲍尔的评价。

由于融合了两个品牌的品牌联想，福特探索者埃迪·鲍尔的品牌联想更加丰富：汽车传奇、户外运动、高鉴赏力等。显然，这些丰富联想来自前因变量的影响：对合作品牌评价（福特品牌评价、埃迪·鲍尔品牌评价）、合作品牌契合度（福特和埃迪·鲍尔品牌使用者和使用场景的一致性）、合作品牌标定的产品契合度（福特汽车是户外运动的工具，埃迪·鲍尔服装是专业的户外运动服装）。

推而广之，在品牌联合情境下，消费者对合作品牌评价越高，消费者对联合品牌评价越高；合作品牌契合度越高，消费者对联合品牌评价越高；合作品牌标定的产品契合度越高，消费者对联合评价越高。

总之，品牌联合的前因变量与品牌联合效应之间存在正相关关系。

（5）溢出效应

如前所述，溢出效应是指"品牌联合事件"导致合作品牌的消费者评价的改变，这种改变可能是好的改变，也可能是坏的改变；有短期的改变，也有长期的改变。

在品牌联合的实践中，理性的合作品牌厂商一般是追求好的溢出效应，也追求短期和长期的好的溢出效应。

在本案例中，溢出效应是指福特和埃迪·鲍尔在联合事件发生后，两个品牌发生的变化。

从福特品牌看，福特品牌家族增加了新的产品类别，与高端户外休闲运动建立了新的市场联系，拓展了产品品类，拓展了新的市场，增加了新的子品牌，品牌内涵更加丰富，福特品牌资产价值得以提升。

因此，福特从两者的品牌联合中不仅得到好的溢出效应，即增加短期获利性；还通过品牌资产价值增加获得好的长期的溢出效应，即获得成长性。

从埃迪·鲍尔品牌看，与汽车品牌联合，增加了新的产品品类，在联合新产品的推广中，通过福特公司对福特探索者埃迪·鲍尔营销推广投资，进行大规模的广告运动、公关关系活动，产品陈列广告得到广泛传播，使得品牌核心价值"高端户外运动和休闲生活方式"得到进一步强化，埃迪·鲍尔品牌资产价值得以提升。

因此，埃迪·鲍尔从两者的品牌联合中不仅得到好的溢出效应，即增加短期获利性；还通过品牌资产价值增加获得好的长期的溢出效应，即获得成长性。

同样，品牌联合的溢出效应来自前因变量的影响：对合作品牌评价（福特品牌评价、埃迪·鲍尔品牌评价）、合作品牌契合度（福特和埃迪·鲍尔品牌使用者和使用场景的一致性）、合作品牌标定的产品契合度（福特汽车是户外运动的工具，埃迪·鲍尔服装是专业的户外运动服装）。

前因变量对溢出效应的影响与前因变量对联合效应的影响不同，联合效应（消费者对联合品牌评价）受两个合作品牌评价的影响，而福特的品牌评价的改变是因为受到合作品牌埃迪·鲍尔的评价的影响，埃迪·鲍尔的品牌评价的改变是因为受到合作品牌福特的品牌评价的影响。

前因变量对品牌联合溢出效应也包括合作品牌契合度和合作品牌标定的产品契合度的影响。合作品牌契合度越高，福特品牌和埃迪·鲍尔品牌评价改善程度越高；合作品牌标定的产品契合度越高，福特品牌和埃迪·鲍尔品牌评价改善程度越高。

前因变量不仅直接对品牌联合的溢出效应产生影响，前因变量还通过联合效应对溢出效应产生间接影响。联合效应包括消费者对品牌联合的看法和对联合品牌福特探索者埃迪·鲍尔的评价的影响，消费者对福特品牌与埃迪·鲍尔的合作策略评价越高，联合后消费者对福特品牌和埃迪·鲍尔品牌评价越高；消费者对联合品牌福特探索者埃迪·鲍尔的评价越高，联合后消费者对福特品牌和埃迪·鲍尔品牌的评价越高。

因此，品牌联合的溢出效应不仅受到品牌联合前因变量的影响，还受到联合效应（消费者对联合品牌评价）、联合事件（消费者对联合事件的评价）的影响。

4.1.2 调节变量及其作用方式

调节变量是影响前因变量和结果变量之间关系的变量。影响方式有三种：强化前因变量和结果变量之间的关系；弱化前因变量和结果变量之间的关系；反转前因变量和结果变量之间的关系。

品牌联合是向市场发出市场信号，通过联合信号对消费者产生影响。根据消费者信息处理方式，影响"信号效应"的因素（调节变量）包括消费者介入度和消费者知识。

消费者对品牌评价的机制是有差别的，评价机制与消费者信息处理方式有关。消费者处理信息的方式与消费者信息处理动机和信息处理能力有关。

从消费者信息处理动机看，当消费者信息处理动机强烈时，消费者会积极搜寻产品信息，对产品信息进行分析，对产品属性、质量和性能进行深入理性的评估。消费者对产品信息收集和处理介入程度，称为消费者产品介入度。

消费者产品介入度越高，对品牌等外部信息线索依赖程度越低，相反，消费者产品介入度越低，对品牌等外部信息线索依赖程度越高。

从消费者信息处理能力看，当消费者产品知识丰富时，消费者会凭借自己对产品质量、产品属性和产品性能的知识对产品进行理性评估。消费者对产品属性、质量和性能的掌握程度，称为消费者产品知识。

消费者产品知识越丰富，对品牌等外部信息线索依赖程度越低，相反，消费者产品知识越匮乏，对品牌等外部信息线索依赖程度越高。

消费者产品介入度和消费者产品知识对品牌联合的前因变量和品牌联合效应之间的关系有影响，发挥调节作用，称为品牌联合的调节变量。

（1）消费者产品介入度的作用方式

以汽车消费者为例，当汽车消费者积极搜寻汽车产品信息，对汽车产品信息进行分析，对汽车产品属性、汽车质量和汽车性能以及性价比进行深入理性的评估时，消费者购买决策受到汽车品牌和推广信息等外部线索的影响会减少。

在品牌联合情境中，消费者产品介入度越高，消费者对联合品牌福特探索者埃迪·鲍尔的评价对合作品牌评价、合作品牌契合度以及合作品牌标定的产品契合度的依赖程度降低，相反，消费者产品介入度越低，消费者对联合品牌福特探索者埃迪·鲍尔的评价对合作品牌评价、合作品牌契合度以及合作品牌标定的产品契合度的依赖程度越高。

因此，消费者产品介入度较高时，将弱化品牌联合的前因变量与联合主效应的关系；消费者产品介入度较低时，将强化品牌联合的前因变量与联合主效应的关系。

消费者产品介入度对前因变量与溢出效应关系的调节作用也是如此，即当消费者产品介入度较高时，将弱化品牌联合的前因变量与溢出效应的关系；消费者产品介入度较低时，将强化品牌联合的前因变量与溢出效应的关系。

（2）消费者产品知识的作用方式

以汽车消费者为例，当汽车消费者汽车产品知识越丰富，对汽车产品属性、汽车质量和汽车性能以及性价比了解程度很高时，在汽车产品的选择、评价和购买过程中，会进行理性决策，受到汽车品牌和推广信息等外部线索的影响会减少。

在品牌联合情境中，消费者产品知识越丰富，消费者对联合品牌福特探索者埃迪·鲍尔的评价对合作品牌评价、合作品牌契合度以及合作品牌标定的产品契合度的依赖程度越低，相反，消费者产品知识越匮乏，消费者对联合品牌福特探索者埃迪·鲍尔的评价对合作品牌评价、合作品牌契合度以及合作品牌标定的产品契合度的依赖程度越高。

因此，消费者产品知识丰富，将弱化品牌联合的前因变量与联合主效应的关系；消费者产品知识匮乏，将强化品牌联合的前因变量与联合主效应的关系。消费者产品知识对前因变量与溢出效应关系的调节作用也是如此，即消费者产品知识丰富将弱化品牌联合的前因变量与溢出效应的关系；消费者产品知识匮乏将强化品牌联合的前因变量与溢出效应的关系。

4.2　品牌联合的理论框架

品牌联合的理论框架是品牌联合的变量之间的关系分析框架（表2-1），

其内容包括：

（1）品牌联合的前因变量；

（2）品牌联合的结果变量；

（3）品牌联合的调节变量；

（4）品牌联合的理论基础。

根据前面的论述，品牌联合的前因变量包括：合作品牌评价、合作品牌契合度、合作品牌标定的产品契合度。这些变量是企业在进行品牌联合决策时，选择合作目标品牌需要考虑的前提条件。

根据前面的论述，品牌联合的结果变量包括：

品牌联合的联合效应和溢出效应。

联合效应是品牌联合前因变量对联合品牌评价产生的影响。联合的溢出效应是品牌联合对合作品牌评价产生的影响。溢出效应根据联合前置条件，又分为好的溢出效应、坏的溢出效应；还可以根据时间分为短期溢出效应和长期溢出效应。

品牌联合效应和品牌联合的溢出效应是参与品牌联合的合作品牌厂商追求的策略效应甚至战略效应，也就是品牌联合的策略绩效。

从追求绩效看，品牌联合与战略联盟不同。战略联盟的目的是通过联盟策略获得新的竞争优势，产生的是供方效应。品牌联合的目的是参与品牌联合的合作品牌厂商品牌资产的利用方式（利用现有品牌推出新产品），同时通过资源外取的方式创建新的品牌资产（利用合作双方的品牌创建新的联合品牌）。

品牌存在于市场，存在于消费者心智中，无论是品牌利用还是品牌创建，都会建立和改变消费者的品牌认知、品牌态度和品牌选择行为，所以品牌联合策略产生的是需方效应。

因此，战略联盟是企业战略管理的范畴，品牌联合是营销管理中品牌管理的范畴。对于合作品牌厂商而言，不同的联合策略，就是选择不同的合作品牌，即品牌联合目标的选择不同，会导致不同的联合效应。

根据前面的论述，品牌联合的调节变量包括：消费者介入度和消费者知识。消费者介入度高低和消费者知识的多少会强化或弱化品牌联合的前因变量和结果变量之间的关系。

根据前面的论述，品牌联合的理论基础包括信息整合理论、联想网络记忆理论和信号理论。品牌联合的理论解释了品牌联合的前因变量为什么会对品牌联合效应和溢出效应产生影响。

品牌联合的调节变量（消费者介入度和消费者知识）对前因变量和品牌联合效应的影响决定于消费者信息处理方式，即"精细加工模型"理论。

表 2-1　　　　　　　　　　　**品牌联合的理论框架**

前置条件	影响要素	联合效应
前因变量： 　合作品牌评价 　合作品牌契合度 　产品契合度	调节变量： 　消费者介入度 　消费者知识	结果变量（联合后）： 　联合效应：联合品牌评价 　溢出效应：合作品牌评价

5　品牌联合的决策管理

前面阐述了品牌联合的理论框架，接下来以品牌联合的理论框架为依据，对品牌联合的决策管理进行讨论。

根据品牌联合的理论分析框架，品牌联合的决策管理应该包含下列内容：

目标品牌的评估；

影响因素的评估；

联合结果的评估。

5.1　目标品牌的评估

根据品牌联合的理论分析框架，企业在品牌联合中，选择合作目标品牌时需要考虑的问题包括：

合作品牌资产价值大小；

合作品牌之间的契合度；

合作品牌所标定的产品契合度。

5.1.1　合作品牌资产价值大小

品牌联合既是品牌资产的利用方式，也是品牌资产的创建方式。因此，品牌联合的前提条件是合作品牌具有一定的品牌资产价值，即参与联合的两个或多个品牌必须为消费者所熟悉，并具有良好的市场形象。

合作品牌资产价值大小主要受品牌独特性和关联性决定。品牌独特性是品牌与竞争品牌相比，具有差异化优势。品牌独特性越强，品牌资产价值越高。品牌关联性是品牌与市场消费群体的相关性，关联性表现为品牌相关群体的规模和质量。品牌关联性越高，品牌资产价值越高。独特性高的品牌不一定关联性高，同样，关联性高的品牌未必独特性高。

例如，汽车品牌"梅赛德斯"和软饮料品牌"可口可乐"的品牌资产价值都很高，相比而言，前者独特性高关联性低；后者独特性低关联性高。也就是说，"梅赛德斯"的品牌资产价值主要来源于品牌独特性；"可口可乐"的品牌资产价值主要来源于关联性。

因此，企业在品牌联合的目标品牌选择决策中，要对消费者对合作品牌评价进行认真研判，既要考虑目标品牌价值大小，又要分析目标品牌价值来源。

5.1.2　合作品牌之间的契合度

合作品牌之间的契合度表现为消费者对两个品牌形象一致性感知。

前面已经论述，两个品牌的联合必须建立在同一性和差异性的基础上。同一性是两个品牌有融合的基础，差异性是两个品牌有联合必要的基础。"同一性"表为两个品牌的使用者形象和使用场景的一致性。"差异性"表现为两个品牌在核心联想上的异质性，通过品牌联合将两个品牌的联想纳入一个品牌中，新的品牌超越了单个合作品牌的联想内容，品牌联想的范围更加宽泛，也更加丰富。

因此，企业在品牌联合的目标品牌选择决策中，在合作品牌进行考察时，要综合考虑两个品牌之间的品牌契合度，既要考虑合作品牌的"同一性"也要考虑合作品牌的"差异性"。

5.1.3　合作品牌所标定的产品契合度

合作品牌产品的契合度，是合作品牌标定的产品类别的一致性。

产品类别的一致性表为目标市场的一致性（从认知角度）、目标市场需求一致性以及消费场景的一致性。

上述三者的一致性都是从消费者认知角度来讲的。要强调的是，产品类别的一致性不是产品类别相同，而是产品类别在认知上的关联性。例如，户外运动有很多不同的产品类别，都是通过"户外活动"产生关联，产生了产品类别的一致性。

因此，企业在品牌联合的目标品牌选择决策中，在考虑两个品牌标定的产品类别时要从产品类别的认知关联性考虑合作品牌的产品契合度。

5.2　影响因素的评估

根据品牌联合的理论分析框架，企业在品牌联合中，品牌联合效应会受到消费者信息处理方式的影响，而信息处理方式又受到消费者知识和介入度的影响。

两个厂商在利用两个品牌联合推出新产品时，要考虑消费者介入度，而介入度与产品类别有关。

消费者在选择不同产品类别时，其投入程度不同，例如买饮料和买汽车的介入程度差异很大，前者介入程度低，后者介入程度高。

同样，企业在利用两个品牌联合推出新产品时，要考虑消费者知识。同一种产品，不同消费者对产品属性、功能和质量的认知差异很大。

当联合推出一种新产品时，消费者介入度越高、产品知识越丰富，品牌联合的产出效应越小。例如，两个品牌联合向汽车爱好者推出定制汽车时，合作品牌厂商应该更关注用户而不是品牌。

5.3　联合结果的评估

品牌联合的产出结果是新推出的联合品牌。

企业在品牌联合的实践中，在进行正式的品牌联合前，要进行品牌联合测试，即在小范围进行市场测试，考察消费者对"联合品牌产品"的评价、购买意向和推荐意愿。

经过市场测试后，进行品牌联合决策，正式向市场推出联合品牌产品。

联合品牌投放市场后，经过一时间的推广和销售，合作双方都要对联合结果进行评估，评估内容包括：

（1）对联合推出的新产品的销售状况进行评估；

（2）对消费者对新联合品牌的市场认知进行评估；

（3）对消费者对新联合品牌的评价进行评估；

（4）对联合后消费者对合作品牌的评价的改变进行评估。

（5）对以上评估结果的原因进行分析。

第 3 章
成分品牌联合的相关概念

1　社会分工与成分品牌化

1.1　社会分工与企业竞争

1.1.1　社会分工概述

满足人类生活需要的方式有两种：自我生产和交换。

自我生产方式存在于落后的"自给自足"的生产方式中；交换方式存在于"社会分工"的生产方式中。

交换的产生极大地推动了人类生产活动的社会分工，特别是货币中介的产生导致了交换的便利，使社会分工水平提高到极高的水平。社会分工导致了生产效率的提高，使人类物质财富得到空前积累，人类物质生活水平得到极大改善。

从宏观经济的角度，社会分工包括经济部门的分工（例如农业、工业、服务业等）、部门内部的分工（例如工业分为重工业和轻工业等）、部门内产品类别分工（例如汽车产业、手机产业）、企业内部的分工。

本章从"产业链"的角度，将社会分工分为企业内部的分工和企业外部的分工。

（1）企业内部的分工

企业内部的分工是企业把"价值链"分拆成不同的价值创造环节，让不同的人做不同的事，通过企业内部的分工协作来完成整体价值创造。内部分工可以提高个人对单一工种的技能、节省工种转换时间，又通过"分权""分责"和"分利"的管理机制，从"动机"角度，充分挖掘个人潜力，来推动生产效率的提高。

例如，"苏州刺绣"工艺流程分为设计、勾稿、上绷、勾绷、配线、刺绣、装裱等环节，每一个环节都有极强的专业性，都有专人负责。一个人担负刺绣流程上所有工种来完成整个作品几乎是不可能的，而且效率非常低，只有通过专业训练由不同专长的人负责不同价值创造环节才能高效专业地完成整个作品的创造。

（2）企业外部的分工

企业外部的分工是企业之间在某一产业的"产业链"上进行分工协作，来完成产业的价值创造，即不同的企业的"价值链"覆盖产业的不同环节。

外部分工通过专业化和市场化建立企业核心能力，从而提高单个企业的生产效率和市场竞争能力。

所谓"专业化"是指企业专注"产业链"的某一产业环节，不断积累核心能力，从而提高生产效率和创造有竞争力的"中间品"。"专业化"（例如专门生产汽车变速箱的厂商）是相对"一体化"（例如，汽车生产中完成从原材料到整车的生产甚至销售所有产业环节的厂商）而言的。

所谓"市场化"是企业生产的产品或者服务要通过市场销售来将产品或服务的价值变现。在"一体化"企业中，生产轮胎的部门，可以直接将产品供应给下游整车装配部门，进行内部消化。在产业链的分工体系中，产业链上下游厂商之间分属不同企业组织，彼此之间的合作超越企业内部部门之间的合作，而需要通过市场交易来进行合作。因此，"分工"导致"专业化"，"专业化"必然导致"市场化"。

伴随"信息技术"的发展，市场交易成本降低，社会分工越来越细化。

例如，智能手机产业链中，上游产业链主要包括操作系统开发商、芯片公司、元器件及零组件等原材料供应商；中游主要包括手机设计及组装制造企业，以及各个主流手机品牌商。

在产业链上不同企业专注生产不同手机"部件"，各自形成了自己的核心技术能力和核心产品，形成了一定的市场竞争格局。

例如：

手机操作系统厂商有 IOS、安卓和鸿蒙；

手机芯片厂商有苹果、高通、海思、联发科；

手机存储系统厂商有三星、海力士；

手机零部件厂商有三星、欧菲光、立讯、比亚迪、京东方；

手机品牌厂商有华为、三星、苹果等。

1.1.2　社会分工与竞争方式

社会分工改变了企业的竞争环境和竞争方式。"市场化"程度的提高必然加剧企业之间的竞争，加剧了产业链同一环节的厂商在争夺下游客户时的竞争程度。

"产业链"上的企业的竞争方式包括价格竞争和非价格竞争。

企业可以通过提高生产效率、降低生产成本来实现价格竞争，向下游厂商提供价格低廉的供应品。

企业还可以通过非价格竞争手段来实现竞争。

非价格竞争主要通过"产品"和"品牌"来实现竞争。上游企业可以通过技术研发的投入，开发具有技术优势产品，打造具有独特属性的产品，向下游厂商提供具有差异化价值的产品。企业可以选择自己最擅长的技能将"价值链"覆盖在对自己最有利的产业环节上，从"技术"上实现产品竞争。

与此同时，产业链上的企业还可以把其生产的"中间品"进行品牌化，从"品牌"的角度实现竞争。

1.2　社会分工与成分品牌化

由于社会分工的广泛存在，许多产业都存在上下游企业之间的相互依赖，上游企业提供中间品，下游企业提供最终产品。

上游企业在市场竞争中，为了争夺下游客户，必然采用多种竞争方式。其中上游企业通过实施品牌战略来展开竞争，引起商业实践和理论研究的极大关注。

上游企业对其生产的中间品进行品牌化，越过下游厂商面向终端用户进行品牌推广，在终端用户心智中塑造品牌形象。

上游企业对"中间品"的品牌化，完全颠覆了"中间品"的营销模式，其营销模式由 B2B 转向 B2C。

上游企业新的营销模式通过越过下游厂商在终端用户心智中塑造品牌形象，从而对下游厂商和终端用户同时施加影响，进而达到一定程度地控制消费者和下游厂商，一定程度地控制市场。

成分品牌化的经典案例是英特尔（Intel）公司的微处理器的营销模式。

英特尔于 1978 年首次向市场提供 8086 微处理器。随后生产的 286、386 和 486 几代微处理器芯片都成为市场的主导产品，公司顺势确立了该行业的标准。

一般认为，标准之战是终极博弈。然而，事实并非尽然。

1991 年，市场上出现了 AMD386，这种类似品牌名称向用户暗示和 Intel 公司的 386 一样高效，给 Intel 公司带来巨大麻烦，公司的行业标准定位受到威胁。

为应对这一挑战，英特尔公司从 1991 年开始，投入 1 亿美元开始为电脑这个核心元件（成分）塑造品牌，取名为 Intel Inside。这个品牌塑造计划很快获得空前成功，无处不在的 Intel Inside 标示，印在无数电脑用户的大脑，装有 Intel 微处理器的电脑成为用户的首选。

更要命的是，这一品牌推广计划，通过影响用户进一步牢牢控制了计算机制造厂商。一方面，计算机制造厂商因为用户在意 Intel，不得不与英特尔合作，采用其处理器；另一方面，英特尔承诺合作厂商只要在自己的计算机产品推广中注明和展示 Intel 标示，就给予广告补贴。此外，英特尔还威胁合作伙伴，如果采用竞争对手的微处理器，必须重新创品牌，这对计算机制造厂商形成巨大压力，选择 Intel 是没有选择的选择。

英特尔公司的品牌推广战略从 1991 年的 Intel586，到后来的奔腾、迅驰、赛扬等处理器都采用了 Intel Inside 品牌标示，一直采用大规模的广告推广活动。

英特尔公司的品牌战略对市场产生了一系列影响：

（1）导致了处理器市场高度集中

从 1991 年开始，英特尔公司的处理器芯片一直高歌猛进，直至占据 90% 以上的市场份额，几乎垄断处理器市场。AMD 处理器只在低端产品中占据一定的市场份额。

（2）计算机产业上下游厂商力量失衡

英特尔公司的 Intel Inside 品牌占据了用户的大脑，也就占据了市场，不装英特尔公司的处理器的计算机制造厂商就没有市场。计算机产业链条上上下游之间的力量向英特尔公司倾斜。刚开始，装有英特尔处理器，计算机制造厂商可以获得 10% 的溢价收益。但是，伴随英特尔微处理器向所有下游厂商供货，下游制造厂商遭遇同质化的竞争，利润下滑。英特尔公司的微处理器和微软视窗这两个上游企业在整个计算机产业链上占据了 80% 的利润，剩下的 20% 由制造厂商及下游分销上分得。计算机制造产业的利益分配格局完全由上游企业控制。

（3）计算机用户受到一定程度盘剥

由于英特尔公司的市场控制和垄断，市场不是一个完全竞争的市场，用户本可以通过充分竞争和技术生命周期导致成本下降买到更加便宜的电脑，但是在这个边际成本很低的产业中却受到上游企业一定程度的盘剥（制造厂商必须获得利润才能生存下去）。

由于社会分工的广泛存在，许多产业都存在上下游企业之间的相互依赖，上游企业对中间产品实施品牌化策略，面向终端用户塑造和推广品牌。同时，下游厂商直接面向用户，将最终产品品牌化，也面向终端用户塑造和推广品牌。上游企业为下游企业提供具有独特成分的中间产品品牌，下游企业将上游元件品牌植入最终产品品牌中，向用户提供的最终产品具有两个品牌，如联想向用户提供的计算机产品是两个品牌：Intel+Lenovo。

从品牌管理的角度，我们把上述现象叫成分品牌联合（ingredient Co-branding）。

成分品牌联合已经开始在实践中得到一定程度的应用。

例如，李宁服装产品中标明其服装面料中采用了莱卡成分，"统一"方便面宣称其作料中加入了"涪陵榨菜"，戴尔在其电脑上标注 AMD 芯片的品牌名称，中兴手机搭载英特尔处理器，蒙牛联合利乐推出蒙牛利乐枕牛奶等。

由于社会分工越来越细，企业之间竞争的方式由原来的点对点的竞争，转变为产业链与产业链之间的竞争，甚至转变为企业生态网络与企业生态网络之间的竞争。

企业要获得竞争优势不仅靠企业内部的技术和产品，而且要在企业所在的产业链或生态网中寻求战略控制点，成分品牌化是其中的手段之一，可以预见成分品牌联合会成为品牌管理理论和实践的重要内容。

成分品牌联合是品牌联合的组成部分，品牌联合是品牌资产利用的重要内容。

品牌联合是两个合作厂商用各种现有的品牌联合起来使用两个及以上的品牌名称推出新产品、进行产品分销和市场推广的品牌管理决策行为。

品牌联合在实践上得到广泛应用。企业之间利用品牌联合推出新产品，开拓新市场，利用品牌联合进行产品分销和市场推广，在企业市场营销领域应用非常广泛。

在学术界，品牌联合也得到广泛关注。在品牌管理领域，学术界对品牌联合的概念、品牌联合的理论基础、品牌联合的前因变量、品牌联合的效应以及影响品牌联合决策行为的市场绩效的因素展开了研究。

作为品牌联合的一个独特分支，成分品牌联合的研究还处于起步阶段，从成分品牌联合的实践出发，我们需要探索下列问题：

（1）什么时候需要成分品牌化？

（2）成分品牌化如何影响消费者？

（3）什么是成分品牌联合？

（4）成分品牌联合的效应是什么？

（5）产生这些效应的理论机制是什么？

（6）参与成分品牌联合的市场主体的决策策略是什么？

（7）成分品牌联合的市场主体如何签订合约？

（8）成分品牌联合的主体决策机制是什么？

2　成分品牌联合的相关概念

2.1　品牌联合的分类

在界定成分品牌的相关概念之前，首先要对品牌联合的形式和类型进行探索，因为成分品牌联合是品牌联合的一个独特类别。

2.2　品牌联合的形式

品牌联合的形式可以用公式表示：

$$A + B = A \cdot B$$

A、B分别代表两个品牌，如索尼和爱立信，A·B是两个品牌联合推出的新产品如索爱手机。

A、B是两个品牌，但是两个品牌标定的内容有多种。

A、B可以是活动品牌、组织品牌、中间品品牌、成品品牌。活动品牌如希望工程，组织品牌如京东，中间品如Intel，成品品牌如联想。

参与品牌联合的品牌标定的内容不同，导致了不同的联合类型。

2.3　品牌联合的类型

2.3.1　从联合品牌标定的客体类型划分

A、B品牌标定的客体类型导致了不同的品牌联合类型。活动品牌联合如两个品牌联合实施联合推广项目，组织品牌联合如两个零售商进行组织品牌联合，中间产品品牌联合即成分品牌联合（如英特尔和联想），成品品牌联合如索尼和爱立信的品牌联合。

2.3.2　从联合主体追求的联合效应划分

Rao 和 Ruekert（1994）将品牌联合区分为声誉式与功能式两种类型。声誉式品牌联合是合作一方借助联合提高品牌认知声誉；功能式联合是合作一方借助联合提高品牌属性联想。显然，Rao 和 Ruekert 的分类是从联合效应的角度进行的分类（Rao 和 Ruekert，1994）。

2.3.3　从联合主体追求的联合目的划分

Blackett 和 Boad（1999）提出了品牌联合的价值共享类型：从联合获得品牌认知；从品牌联合获得背书；从联合中获得独特成分（Blackett 和 Boad，1999）。Blackett 和 Boad 的分类是从联合的目的角度进行的分类。

2.3.4　从品牌联合的功能进行划分

Samu、Krishnan & Smith 对品牌联合的类别划分采取更加简单实用的方式，他们认为企业经常采用的品牌联合方式主要包括三种：联合促销、成分品牌联合和新产品联合（Samu，Krishnan & Smith，1999）。联合促销，是指两个或两个以上的企业或品牌共同投入资源开展促销活动。联合促销是一种短期的品牌联合方式，参与联合促销的品牌依然保持着各自品牌的独立性。成分品牌联合，是指上游供应商的成分品牌出现在下游最终产品品牌上。新产品联合，是指利用两个或两个以上的品牌共同推出新产品来占领市场。

由此可以看出，无论采用什么分类方法，成分品牌联合这个独特类别都包含在其中。

2.4　成分品牌化

成分品牌联合的前提是成分品牌化。

成分品牌化涉及下列问题：

（1）成分产品；

（2）成分品牌；

（3）成分品牌化；

（4）成分品牌的作用；

（5）成分品牌化的条件。

2.4.1 成分产品

（1）成分产品的概念

成分产品是与最终产品相对应的概念，是最终产品的组成部分。成分产品包括材料如葡萄酒的原材料葡萄、元件如电脑的芯片、部件如电脑的显示屏和服务如定制产品的设计方案。

（2）成分产品的来源

成分产品一般有三个来源：来自自然界初级原料，如生产氨基寡糖的原材料为蟹壳；来自上游企业生产的中间产品，如联想电脑的芯片由英特尔公司生产；生产最终产品的企业自己生产，如比亚迪汽车自己生产汽车锂电池。

（3）成分产品与社会分工

由于社会分工的广泛存在，成分产品一般由上游企业生产和提供，一般把上游企业称为成分产品供应商，下游企业称为成品产品制造商。但是，随着社会分工越来越细，一个最终产品的生产可能来自众多环节的厂商的参与，这时上游下游厂商的划分就是相对而言的。但是，无论怎样都存在最终产品制造厂商。

（4）成分产品的分类

Kotler 在其《要素品牌战略》（2010）一书中对成分产品的常见类型进行了详细的分类（菲利普·科特勒，瓦得马·弗沃德，2010）（图 3-1）。

2.4.2 成分品牌

（1）成分品牌的概念

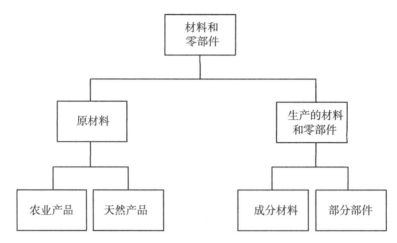

图 3-1 成分产品分类

改编自：菲利普·科特勒，瓦得马·弗沃德. 要素品牌战略——B2B2C

差异化竞争之路. 李戎，译. 上海：复旦大学出版社，2010.

成分品牌，作为一个被学术界和商界广泛接受的一个营销概念，直到 20 世纪末才逐渐流行起来，这一概念由 McCarthy 和 Norris（1999）提出。成分品牌，常常被定义为零部件或者其他工业品的标志或商标（Pfoertsch 和 Schmid，2005）。

（2）成分品牌概念的分歧

上述对成分品牌的定义往往是不够科学的，并不是所有零部件或者其他工业品的供应商的品牌都能够被称为成分品牌。有些学者认为，如果某个成分不能单独出售，就是成分品牌，这一理解也是不够科学的（菲利普·科特勒，瓦得马·费沃德，2010）。例如，如汽车成分品牌 Bose 音响、博世防抱死制动系统、Recaro 座椅、米其林轮胎等都可以单独销售，但都是知名的成分品牌。一般来说，成分产品是否能成为成分品牌，主要取决于其功能对终端消费者的重要性，而不取决于能否独立销售。所谓成分产品的独立性是指成分产品除了成为下游厂商产品的组成部分外，还是否可以在市场上进行独立销售，例如汽车轮胎既可以供应给汽车品牌厂商，又可以直接向终端用户销售，还可以在汽车零配件市场进行销售，轮胎就是独立性产品，轮胎显然需要品牌化。服装面料中莱卡成分只能供应给面料生产商，不能进行独立销售，但是对消费者很重要，因而也被品牌化。因此，当成分产品的功能对终端消费者具有较大重要性作用时，才有对成分品牌进行品牌化的必要（曹云仙子，2013）。

2.4.3 成分品牌化

（1）成分品牌化的概念

与成分品牌的概念不同，成分品牌化（ingredient branding）是指创建品牌的过程。成分品牌化是指成分产品如材料、元件、和部件进行品牌标定，建立品牌的过程。

成分品牌化往往是通过在最终产品上贴上某一成分的品牌标签来吸引消费者的注意力，让消费者在购买最终产品时来了解该成分的功能和优越性，通过成分品牌对终端用户购买决策行为产生影响。

通过实施成分品牌化管理可以有效帮助成分供应商摆脱其产品被替代和被淹没的命运，同时建立和加强其市场地位，从而提升其在价值链中的地位（George，2002）。同时，具有高品牌资产的成分品牌，会成为终端用户购买终端产品的直接原因（Bugdahl，1996）。例如，在购买电脑时，电脑处理器芯片是否英特尔品牌往往成为影响消费者购买决策的重要因素。

因此，为了更为全面地界定成分品牌化，本研究采用 Baumgarth（1998）的定义，将成分品牌化定义为"针对材料、成分或零部件的品牌管理策略"（曹云仙子，2013）

（2）成分品牌化的分类

产业链中最终产品厂商的成分品牌可以来自上游供应商，也可以自己生产和创建成分品牌。因此，可以按照成分品牌的所有权对成分品牌进行分类，即针对成分品牌使用厂商而言，成分品牌可以分为合作成分品牌和自有成分品牌。显然，只有当成分品牌来源于上游合作厂商的时候，才会产生成分品牌联合。

2.4.4 成分品牌化的作用

成分品牌联合是品牌联合的一种独特形式，成分品牌联合的前提条件是成分品牌化，并且是上游企业厂商生产和提供。

成分品牌化将给上游厂商带来诸多利益：

帮助上游厂商缩短与终端消费者的距离；

拉动和刺激上游厂商产品的市场需求；

将上游厂商技术优势转变为市场优势；

改变上游厂商在产业链中的地位。

（1）帮助上游厂商缩短与终端消费者的距离

上游厂商对成分产品进行品牌化，在终端用户心智中建立独特品牌形象，从而对终端用户施加影响，并借助终端产品厂商的产品来对接终端消费者的需求，获得终端消费者对成分产品的评价和反应，为上游成分品厂商进行产品创新提供依据，这有助于上游厂商缩短与终端消费者的距离。

（2）拉动和刺激上游厂商产品的市场需求

成分产品的品牌化可以拉动和刺激下游厂商对上游厂商产品的需求。当成分供应商将其提供的成分产品品牌化，并成功向终端消费者展示其成分的独特属性和卓越性能，那么消费者在购买终端产品时就很可能将是否具有该品牌的成分产品作为影响其购买决策的重要因素。消费者甚至会要求最终产品的供应商加入这一品牌的成分以满足他们对产品质量的期望（菲利普·科特勒，瓦得马·费沃德，2010），这又倒逼下游厂商不得不采用上游厂商提供的成分品牌。

（3）将上游厂商技术优势转变为市场优势

成分产品供应商如果不在终端消费者心智中建立独特差异化优势，即通过成分品牌化，对成分产品进行品牌标定，使品牌成为企业的战略控制点，使品牌成为某种独特属性和卓越性能的代表，其技术优势很可能因为竞争对手通过技术模仿、创新而被取代。因此，成分品牌化可以将上游厂商的技术优势转化为市场优势。

（4）改变上游厂商在产业链中的地位

成分品牌化是上游厂商越过下游厂商面向终端用户建立品牌和塑造品牌形象，从而对终端消费者施加影响，这将改变终端用户的市场偏好。一旦成分品牌塑造成功并对用户选择产生影响，必将提高上游厂商在产业链中的地位。具有高品牌资产价值的成分品牌厂商通过影响终端消费者的市场偏好和产品选择需求进一步影响下游厂商的采购需求，从而影响其在产业链中地位，使其具有很强的谈判能力，倒逼下游厂商以超过市场平均价格的水平采用其成分产品。

2.4.5 成分品牌化的条件

成分品牌化带给成分品牌供应商诸多利益，但是在实践中，并不是所有供应商能够成功进行成分品牌化决策。

成分品牌化需要考虑下列条件，包括：

成分产品需要对终端产品的性能起关键性的作用；

成分供应商实施成分品牌化需要得到终端产品厂商的支持；

终端产品本身追求较高的品牌价值；

终端产品厂商不能生产成分产品。

（1）成分产品需要对终端产品的性能起关键性的作用

当成分产品无法对终端产品的性能和属性起到关键作用时，成分产品供应商就很难要求终端产品厂商将其品牌标注于终端产品上，即进行成分品牌联合，建立联合品牌。与此同时，另一方面，当成分产品无法对终端产品的性能和属性起到关键作用时，成分供应商也很难通过成分品牌化对终端消费者施加影响，很难通过建立消费者品牌认知、态度和行为去影响其购买决策。在这种情况下，也就失去了进行成分品牌化的实际意义（菲利普·科特勒，瓦得马·费沃德，2010）。

（2）成分供应商实施成分品牌化需要得到终端产品厂商的支持

上游厂商在进行成分品牌化的过程中，需要得到终端产品厂商的支持才能进行成功的品牌塑造（菲利普·科特勒，瓦得马·费沃德，2010）。在成分产品供应商进行品牌化的过程中，消费者最初对该成分品牌缺少认知，这需要通过终端产品厂商对成分供应商的成分品牌进行标注、成分产品介绍、成分品牌宣传。在成分品牌联合的合作中，终端厂商起着连接市场的桥梁作用，将市场信息传递给用户的同时，又通过其获得市场的信息反馈。终端厂商的"中介桥梁"作用，一方面有助于成分产品厂商进行品牌塑造，另一方面有助于成分产品厂商通过市场信息反馈对成分产品质量和性能进行持续改进,形成可持续的竞争优势。

（3）终端产品厂商本身追求较高的品牌价值

成分产品品牌化的前提之一是终端产品厂商有动力建立终端品牌价值。成分产品是终端产品的组成成分,对终端产品属性和性能具有影响。当终端产品厂商有动力建立终端产品品牌,追求较高的终端品牌价值时,才有可能把成分产品的属性和性能作为终端产品品牌的重要要素,进而去推广成分产品品牌。一旦成分产品的属性和性能优势被下游成品厂商重视,成分产品厂商就有机会进行成分品牌化（菲利普·科特勒,瓦得马·费沃德,2010）。

（4）终端产品厂商不能生产成分产品

由于企业的优势和能力导致只有上游厂商才能生产和提供中间产品,或者下游厂商能够生产但是不是最有效率的,也就是社会分工导致专业化,所以由上游厂商生产效率最高、性能最佳。在这种情况下,成分产品厂商专注成分产品的开发和生产,并将其成分产品品牌化才能实现。

2.5 成分品牌联合的概念和市场主体

2.5.1 成分品牌联合的概念

由于社会分工的广泛存在,成分品牌联合成为品牌联合中一个非常重要且普遍的类型,它指两个品牌共同组成一个实体产品,成分品牌联合与一般品牌联合具有共性,还有其特殊性。

许多学者对成分品牌联合的概念进行了界定。本研究将成分品牌联合的定义界定为:

成分品牌联合是指参与品牌联合的一方以某一成分的方式出现在另一品牌的产品上,并且这两个品牌的品牌名称共同出现在最终产品上。

2.5.2 成分品牌联合的主体

在成分品牌联合中,合作品牌有两个,合作品牌厂商有两个。

　　两个合作品牌分别是上游厂商提供的成分品牌，下游厂商提供的成品品牌。学术界在理论研究中，将前者称为成分品牌，对应前者，后者称为主品牌。

　　与此相对应，成分品牌联合的主体分为成分品牌厂商和主品牌厂商。

　　本研究以成分品牌联合为切入点，对成分品牌联合的概念、成分品牌联合的理论基础和成分品牌联合的理论框架及其实践应用展开系统研究。

　　品牌所标定的产品的组成材料、元件和成分的质量和特征可能成为主品牌的关注特性，从而影响消费者的品牌选择行为。企业可以对产品的成分进行品牌化，建立品牌资产。企业可以采取两种途径来获得这种资产：自创成分品牌和联合成分品牌。

　　由于成分品牌联合不仅改变品牌选择行为，而且改变产业链上下游企业的利益分配关系，因此，成分品牌联合是品牌联合中的一个非常特殊的领域，有必要在品牌联合的基础上对成分品牌联合展开系统研究。

第4章
成分品牌联合的理论基础

1   成分品牌联合的相关理论

在品牌联合理论分析框架中，梳理了品牌联合的理论基础。品牌联合的理论依据包括：信息整合理论、联想记忆网络理论和信号理论。

这些理论解释了品牌联合的前因变量与结果变量之间的关系，也解释了影响前因变量与结果变量之间关系的因素的作用机制。

成分品牌联合是品牌联合的一个类别，具有品牌联合的一般性，同时也具有品牌联合的独特性。作为品牌联合的理论基础——信息整合理论、联想记忆网络理论和信号理论显然可以作为成分品牌联合的理论基础，但是，成分品牌联合与成品品牌联合又有一定差异，因此，这些理论发挥解释作用的方式有差异。

通过对战略联盟、品牌联合、成分品牌联合等相关研究主题的文献进行进一步探讨，发现用于解释成分品牌联合效应及其影响因素的理论主要包括：

（1）信息整合理论；

（2）联想记忆网络理论；

（3）信号理论；

（4）态度可得性理论；

（5）资源依赖理论。

1.1 信息整合理论

在 20 世纪 60 年代，美国心理学家 Norman H. Anderson 提出了信息整合理论（information integration theory）①。这一理论解释了人们如何对外部刺激因素进行评价，又对外部刺激因素评价进行整合形成整体评价，在整体评价基础上形成认知、态度和行为。

信息整合理论的核心是解释人们将刺激物信息整合并形成新的态度或观点的过程（Anderson，2006）。Anderson 认为这一过程主要包括三个阶段：评价、整合和反应阶段。

1.1.1 评价阶段

在评价阶段，人们会根据自身知识经验对外部刺激因素做出主观判断，对单个刺激因素分别给予主观评价。

例如，在营销领域，消费者看到某一品牌的汽车广告，会形成对广告的评价或者对广告中的汽车品牌某一外观属性进行评价。

1.1.2 整合阶段

在整合阶段，人们会整合对相关外部刺激信息的评价，进而对客观对象形成整体评价。

例如，在营销领域，消费者看到某一品牌的汽车广告"生命价值高于一切"，形成对广告中汽车品牌的安全属性评价，在汽车品牌店体验形成汽车操控性和舒适性评价。最后，消费者会综合广告信息和驾驶体验信息分别形成该品牌安全性评价、舒适性评价和操控性评价，得出该汽车品牌的整体评价。

---

① Anderson Norman H. Foundations of Information Integration Theory. Academic Press，1981，95（4）.

1.1.3 反应阶段

在反应阶段，人们会基于整体评价做出一系列外部行动反应。

例如，在市场营销领域，消费者看了某汽车的品牌广告，又在 4S 店体验该车的性能，对该品牌汽车形成整体评价。接下来，消费者会形成各种可能的反应：喜欢、购买、推荐或者拒绝购买。

根据信息整合理论，在品牌联合的情境中，当消费者接收到两个品牌联合的信息刺激时，将两个合作品牌的信息结合，形成关于联合品牌的认知和态度，进而对联合品牌进行评价，这种评价可能改变消费者行为，如形成购买意向等。

信息整合理论可以用来解释品牌联合的市场效应，成为解释品牌联合效应的理论机制。

成分品牌联合是品牌联合的一种类别，显然，信息整合理论可以用来解释成分品牌联合的市场效应。

1.2 联想记忆网络理论

联想记忆网络理论解释了信息刺激如何激活记忆节点以及如何建立节点联系网络。Samu（1999）在研究中指出，人们的记忆是由一个个节点连接起来所组成的节点群，在这个群中，有些节点是相互关联的，每一个节点就像一个房间储存与特定事物相关的信息；当人们接受外部信息刺激时，与之相关联的节点就会被启动，进而就会回忆起相对应的一些信息；同时需要注意的是，如果两个节点间的关联性较强，那么当一个节点启动时，另一个也会被随之带动。①

联想记忆网络理论在市场营销学得到广泛应用。在消费者行为和广告效果

① Samu S H, Krishnan S, Smith R E. Using Advertising Alliances for New Product Introduction: Interactions between Product Complementarities and Promotional Strategies. Journal of Marketing. 1999, 63（1）: 57-74.

研究中,联想记忆网络理论用于解释广告刺激如何诱发消费者认知、建立消费者态度和形成消费者行为。例如,当消费者看到某品牌时,与该品牌相关的一些特征节点都会被逐渐激活,如该品牌的广告语、该品牌的代言人、该品牌的产品属性、该品牌的性能、该品牌的产品原产地等。

联想记忆网络理论很好地解释了品牌联合的消费者反应。

在品牌联合时,消费者受到品牌联合信息的外部刺激,对两个品牌联想的记忆节点被激活,同时在联想节点之间建立联系。

在两个品牌进行合作之前,消费者对两个品牌已经形成两个品牌的联想记忆网络。在一般情况下,进行联合的两个品牌有一定的品牌资产价值,即消费者对两个品牌都存在丰富的品牌联想,在消费者心中建立了品牌形象。

当两个品牌进行合作形成新的品牌,消费者对两个品牌的联想信息节点如索尼的高科技、爱立信的通讯专长被激活,并建立两个节点高科技和通讯专长的联系,两个信息节点关联程度会直接影响联合品牌的新的联想记忆网络。索尼的核心信息节点高科技联想和爱立信的核心信息节点通讯专长关联程度越高,消费者对联合后形成的新品牌索爱的评价就越高。这解释了两个合作品牌联合的市场效应受到两个品牌的品牌契合度的影响。因此,联想记忆网络理论可以用来解释品牌联合的前因变量对联合效应的影响。

因此,联想记忆网络理论构成品牌联合的理论基础,也可以用来解释成分品牌联合的市场效应。

1.3 信号理论

"信号理论"是 1973 年由经济学家斯宾塞(Spence)在研究"信号传递"在劳动力市场中的作用时提出的。在其研究中指出,市场中具有信息优势的个体通过信号传递将信息传递给处于信息劣势的个体以实现市场均衡,其后,斯彭斯不断拓展和丰富了这一理论,探索了市场信号在信息不对称和不完备的情景下的重要性。

"信号理论"在其后也被应用在市场营销学领域。信号理论的基础来源于信息不对称原理。Rao & Ruekert(1994)认为,市场中买卖双方对信息的掌握程度是不同的，即信息存在不完全性和不对称性。从信息完备性看，卖方知道的信息比消费者知道的信息要多；从信息不对称性看，卖方知道的信息和买方知道的信息不一致（Rao和Ruekert，1994）。

在市场营销领域，站在消费者角度，品牌发挥着市场信号的作用。根据信号理论（signaling theory），品牌发挥信号作用的方式有两种：

1.3.1　减少消费者认知风险

在多数情况下，消费者在消费决策中依赖于品牌信号。其原因有三个方面：一是有关产品的信息不对称，消费者知道的比企业知道的少；二是消费者主观原因，包括消费者的产品知识缺乏和信息处理能力局限；三是产品质量标准评价的困难的客观性。

当消费者无论出于什么原因无法对产品质量、属性和性能进行判断和评价时，消费者通过品牌外部线索来进行购买和消费者决策，品牌在消费者购买和消费中发挥担保作用。

1.3.2　减少消费者搜索成本

当消费者关于某个产品信息掌握得不完全和不对称，导致不确定性风险时，消费者可以通过品牌担保作用进行购买和消费决策，从而减少消费者的信息搜索成本。

在品牌联合的情境中，两个品牌进行联合时，实际上是向市场传递一种市场信号，当消费者无法通过联合品牌标定的产品属性、质量和性能对联合产品进行判断和评价时（决定于消费者的知识和能力），就可以根据两个合作品牌的担保作用对联合品牌进行判断和评价。

联合品牌来自两个不同的合作品牌，消费者对合作品牌的认知、态度和行为可以向联合品牌进行迁移，对合作品牌评价高，对联合品牌评价也高。

因此，信号理论可以用来解释品牌联合的前因变量对联合效应的影响。与此同时，信号理论也可以作为成分品牌联合的理论基础，用来解释成分品牌联合的市场效应。

1.4 态度可得性理论

态度可得性又称为态度可及性（attitude accessibility），是指个体对"客观对象"的态度与个体对"客观对象"行为之间的相关性。态度可得性理论往往用于解释态度和行为之间的关系。

学者对"态度"和"行为"之间的相关性的性质的研究有不同观点，由此，导致态度可得性理论命题的差异性。

Glasman 和 Albarracin 认为，态度可得性是指态度进入意识的迅速程度，可得性高的态度往往能引发一致性的行为（Glasman & Albarracin，2006）。

有的学者认为，来自直接经验的态度，容易被意识到，可得性较高，进而对行为的影响也大（谢利·泰勒，利蒂希亚·安妮·佩普卢，戴维·西尔斯，2010）。

有学者认为，态度可得性取决于态度与态度对象的联系程度，当态度的可得性高时，不管你什么时候看到态度对象，你对它的态度都会在头脑中出现（郑雪，2004）。

还有学者认为，决定态度在记忆中是否可达的一个重要因素是表达它的频率，当你表达对某一事物态度的机会越多，你越是认为该态度对你很重要，你对该事物的态度可得性也就越高（谢利·泰勒，利蒂希亚·安妮·佩普卢，戴维·西尔斯，2010）。

此外，态度可得性还影响消费者信息处理方式。态度可得性越高，消费者就越有可能采用中心路径而非边缘路径来加工这一信息（谢利·泰勒，利蒂希亚·安妮·佩普卢，戴维·西尔斯，2010）。

从不同学者对态度可得性理论命题的阐述看，消费者对品牌的态度可得性会影响消费者的品牌行为。

因此，态度可得性可以作为成分品牌联合的理论基础。

1.5 资源依赖理论

1.5.1 资源依赖理论的来源

资源依赖理论属于组织理论的重要理论流派，是研究组织变迁活动的一个重要理论，萌芽于 20 世纪 40 年代，在 70 年代以后被广泛应用到组织关系的研究。资源依赖理论的代表人物是杰弗里·普费弗（Jeffrey Pfeffer）、萨兰奇克（Gerald Salancik），代表著作是 1978 年出版的《组织的外部控制》。

1.5.2 资源依赖理论的假设

资源依赖理论提出了 4 个重要假设：

第一，组织最关注生存问题；

第二，组织生存需要外部资源；

第三，组织需要与环境互动；

第四，组织需要管控互动关系的能力。

资源依赖理论的核心假设是组织需要通过获取环境中的资源来维持生存，没有组织是完全自给的，都要与环境进行交换。

从事经营活动的商业组织——企业，最重要的功能是把资源转换成人类需要的产品，资源包含自己所拥有的资源和从外部其他组织获得的。当企业所需的资源必须从外部获得就形成了资源依赖。

为了提高生产效率，社会分工成为社会生产的组织方式。在一个产业中，社会分工导致上下游企业之间形成了相互依赖的关系：上游企业依赖下游企业的市场；下游企业依赖上游企业的资源（包含中间品）作为生产的投入品。

因此，在成分品牌联合的情境中，上游企业生产的成分品牌厂商与下游企业成品品牌厂商之间存在相互依赖关系，相互依赖的程度受到两个厂商所提供的品牌的资产价值大小的影响。与此同时，合作厂商之间的依赖程度还决定于成分品牌能否在市场上进行独立销售，即独立性的影响。

2 成分品牌联合效应的理论解释

2.1 信息整合理论对成分品牌联合效应的解释

2.1.1 信息整合理论对品牌联合效应的解释

当两个品牌联合时，消费者将两个品牌的联想信息进行信息整合，对联合事件（联合决策好不好、合适不合适）和联合品牌给予评价（正面评价、负面评价），这种对联合事件的评价和联合品牌的评价会直接影响其对联合品牌的评价和购买意愿。

信息整合理论显然成为品牌联合效应的大小好坏的理论依据。

2.1.2 信息整合理论对品牌联合溢出效应的解释

品牌联合的溢出效应是指两个品牌的联合导致对两个合作品牌产生的影响。

信息整合理论还可以进一步解释品牌联合的溢出效应。

当两个品牌联合时，消费者给予积极或消极评价，不仅会直接影响消费者对联合品牌的评价和购买意向，而且有可能影响联合后两个合作品牌的评价，即不当的品牌联合，可能会降低合作品牌的评价，恰当的品牌联合，可能会提升合作品牌的评价。

2.1.3 信息整合理论对成分品牌联合效应的解释

成分品牌联合具有品牌联合的一般性，即共性，都是用两个品牌或者多个品牌推出一种新产品的市场行为。

因此，信息整合理论对品牌联合效应的解释也适合对成分品牌联合效应的解释。

根据信息整合理论，在成分品牌联合的情境中，成品品牌和成分品牌同时出现在同一个产品上，消费者对成品品牌和成分品牌的评价会影响联合品牌评价。消费者会整合其对成品品牌和成分品牌的评价，来形成对成分联合品牌的整体评价（成分品牌联合效应）。

消费者对最终产品（实施品牌联合后形成的包含两个品牌的联合品牌标定的最终产品）的整体评价，又会影响对参与联合的成品品牌和成分品牌的评价（成分品牌联合的溢出效应）。

2.2 联想记忆网络理论对成分品牌联合效应的解释

2.2.1 对品牌联合效应的解释

当两个品牌联合时，如索尼和爱立信联合时，索尼高科技形象信息和爱立信通信专长形象信息（刺激源）出现时，消费者对两个品牌的记忆联想（节点被激活）被激活，并建立新的节点链接（索爱的高科技和通讯专长），对联合品牌产生的新联想用于消费者建立联合品牌的认知，并形成相应的态度，进而对消费者评价产生影响，进一步对联合品牌行为产生影响。

因此，联想记忆网络理论可以用来解释品牌联合的市场效应。

2.2.2 对品牌联合溢出效应的解释

当两个品牌联合时，对联合品牌产生的新联想以及品牌联合事件的发生，会导致消费者把联合品牌信息节点与合作品牌信息节点建立联结。

因此，对联合品牌的评价以及对联合事件的评价可能波及对两个合作品牌的评价，对合作品牌形成新的认知和态度，使原合作品牌资产价值发生改变，产生品牌联合的溢出效应。

2.2.3 对成分品牌联合效应的解释

联想记忆网络理论同样可以解释成分品牌联合的联合效应和溢出效应。

在成分品牌联合的情境下，如 Intel 与 lenovo 联合时，Intel 微处理器芯片的卓越性能形象和联想个人电脑形象信息（刺激源）出现时，消费者对两个品牌的记忆联想（节点被激活）被激活，并建立新的节点链接（英特尔芯片专长和联想个人电脑专长），对联合品牌产生的新联想用于消费者建立联合品牌的认知，并形成相应的态度，进而对消费者评价产生影响。

如果联想合作供应商不是英特尔，消费者对联想品牌将产生不同评价和反应。

因此，联想记忆网络理论解释了成分品牌联合的联合效应（成分品牌联合的前因变量对成分品牌联合产生的联合品牌评价的影响）

同样，Intel 和 lenovo 进行联合推出联合品牌时，消费者对两者的联合事件的评价以及对新的联合品牌的评价会对 Intel 和 lenovo 的评价产生影响。

因此，联想记忆网络理论也解释了成分品牌联合的溢出效应。

2.3　信号理论对成分品牌联合效应的解释

2.3.1　信号理论对品牌联合效应的解释

信号理论被广泛用于解释品牌联合的市场效应，包括联合效应和溢出效应。

不知名品牌常常通过与知名品牌的联合向消费者传达高质量的信号。Rao 等（1999）的研究显示，知名品牌作为高质量的信号，通过和不知名品牌联合提升了消费者对不知名品牌的质量感知（Rao，等，1999）。

因此，品牌联合实际上是向市场传递一种信号，这种信号会对消费者认知、情感和行为产生影响。信号理论可以用来解释品牌联合效应。

不知名品牌通过与知名品牌的联合向消费者传达高质量的信号，使不知名品牌资产价值提升，同时，有可能降低知名品牌的资产价值，即受到不知名品牌的拖累。这对知名品牌产生的影响，被称为品牌联合对知名品牌产生的负面溢出效应；对不知名品牌产生的影响被称为正面的溢出效应。信号理论可以用来解释品牌联合的溢出效应。

2.3.2　信号理论对成分品牌联合效应的解释

在成分品牌联合的情境下，一个不知名成品品牌厂商与一个具有知名成分品牌的供应商合作时，由于知名成分品牌的高质量信号，消费者对联合品牌质量感知较高（联合效应）。

与此同时，消费者对不知名成品品牌的质量感知有可能被提升，对知名成分品牌的质量感知有可能降低（溢出效应）。

因此，成分品牌联合实际上是向市场传递一种信号，这种信号会对消费者认知、情感和行为产生影响。

因此，信号理论可以解释成分品牌联合的联合效应和溢出效应。

2.3.3　信号理论对成分品牌联合效应的进一步解释

到目前为止，信号理论分析方法在品牌联合的文献中采用最为普遍。信号理论当然可以解释成分品牌联合的一般性。

但是，由于成分品牌联合和成品品牌联合具有很大差异，信号理论在成分品牌联合中作用机制不同。

成分品牌联合的成分品牌是联合品牌的一个组成部分，成分品牌的属性将成为联合品牌的部分属性。

消费者对联合品牌的属性评价，依赖于消费者的产品知识和消费者处理信息的介入度。

当消费者产品知识丰富和产品介入度较高时，成分品牌联合的市场信号的作用会减少，反之，会增加。因为当消费者产品知识较丰富和介入度较高时，消费者决策对品牌信号的依赖程度降低。

2.4　态度可得性理论对成分品牌联合效应的解释

2.4.1　态度可得性理论对品牌联合效应的解释

根据态度可得性理论，消费者品牌态度越鲜明，消费者越有可能利用该品牌态度来评价与该品牌相关的刺激信息，而且会沿着该品牌态度暗示的方向来解读刺激信息（曹云仙子，2013）。①

因此，当消费者对参与联合品牌的知晓度较低时，就不可能对合作品牌具有强烈态度，进而影响品牌联合的市场效应。

2.4.2 态度可得性理论对成分品牌联合影响因素的解释

曹云仙子（2013）对态度可得性理论对成分品牌联合的影响因素（品牌知晓度）进行了分析。在成分品牌联合的情境中，从品牌态度可得性的角度来看，合作品牌知晓度越高，越容易形成对品牌的评价。

因此，在成分品牌联合中，依据态度可得性理论，合作品牌知晓度会对成分品牌联合效应和溢出效应产生影响。

2.5 资源依赖理论对成分品牌联合效应的解释

在成分品牌联合中，上下游企业之间存在相互依赖的关系。

根据组织理论的重要流派——资源依赖理论，缺乏重要资源的厂商将与有这种资源的厂商进行联合，只有在两个厂商都可以从联合中得到好处的情况下，才会进行联合，这种联合将创造相互依赖关系。

但是，在多数情况下，参与联合的两个品牌资产价值存在不对称性，如英特尔和联想，英特尔的品牌资产价值远高于联想的品牌资产价值。这种不对称性又导致上下游企业之间的相互依赖程度的不对称性。

这种不对称性将对成分品牌联合产生下列影响：

（1）对联合效应的影响

当两个品牌资产价值不对称的品牌进行联合时，拥有弱势品牌的企业获益更多，拥有强势品牌的企业获益更少甚至会受到拖累。

（2）对溢出效应的影响

---

① 曹云仙子．成分品牌联合的溢出效应实证研究．中南财经政法大学硕士论文，2013.

当两个品牌资产价值不对称的品牌进行联合时，弱势品牌可能会提升品牌资产价值，强势品牌可能会削弱品牌资产价值，即两个品牌资产价值不对称的品牌联合将殃及合作品牌。

（3）独立性的影响

当上游成分品牌能够在市场上进行独立销售和消费，上游成分品牌厂商对下游主品牌厂商的依赖程度降低，成分品牌联合效应将减少，反之，成分品牌联合效应将增加。因此，独立性对成分品牌联合具有调节作用。

（4）合作契约的影响

如果下游主品牌厂商依赖上游成分品牌提供独特属性，成分品牌的价值意义将依赖于合作伙伴之间的契约排他性。成分品牌联合从排他性合同中得到的利益更多，反之，获益更少。英特尔对联想不是独家供货，向所有计算机厂商供货，使下游制造商产品的同质性增强，下游厂商无法从上游成分品牌商提供的成分品牌建立独特性，成分品牌联合效应减弱，自然无法获得品牌溢价。因此，上下游企业之间的契约排他性对成分品牌联合效应有影响。

3　成分品牌联合的理论分析框架

综上所述，成分品牌联合的理论基础包括信息整合理论、联想记忆网络理论、信号理论、态度可得性理论和资源依赖理论。

信息整合理论解释了成分品牌联合的市场效应，包括联合效应和联合溢出效应。在成分品牌联合的情境中，消费者会整合其对成品品牌和成分品牌的认知信息和态度信念，来形成对成分联合品牌的评价，也就是最终产品的整体评价（成分品牌联合主效应）。消费者对最终产品（品牌联合后形成的包含两个品牌的联合品牌标定的最终产品）的整体评价，又会影响到对参与联合的成品品牌和成分品牌的评价（成分品牌联合的溢出效应）。

联想记忆网络理论解释了成分品牌联合的联合效应和溢出效应。在成分品牌联合的情境下，消费者对两个品牌的记忆联想（节点被激活）被激活，并建立新的节点链接，对联合品牌产生的新联想用于消费者建立联合品牌的认知，并形成相应的态度，进而对消费者评价产生影响（联合效应）。同样，消费者对两者的联合事件的评价以及对新的联合品牌的评价会对合作品牌的评价产生影响（溢出效应）。

信号理论解释了成分品牌联合的联合效应和溢出效应及其影响因素的作用机制。在成分品牌联合的情境下，一个不知名成品品牌厂商与一个具有知名成分品牌的供应商合作时，由于知名成分品牌的高质量信号，消费者对联合品牌质量感知较高（联合效应）。与此同时，消费者对不知名主品牌的质量感知有可能被提升，对知名成分品牌的质量感知有可能降低（溢出效应）。成分品牌联合实际上是向市场传递一种信号，这种信号会对消费者认知、情感和行为产生影响，同时影响程度受到消费者处理信息的动机和能力的影响。当消费者介入度低和产品知识丰富时，合作品牌信号的联合效应和溢出效应都会减少。

态度可得性理论解释了品牌知晓度对成分品牌联合效应的影响。在成分品牌联合的情境中，当消费者对两个合作品牌知晓度都高时，消费者对合作品牌评价很容易转移到联合品牌上，从而产生较高的联合效应，相反，当消费者对两个合作品牌知晓度都低时，消费者很难产生对联合品牌的评价，也就谈不上联合效应。但是，根据态度可得性理论，当不知名品牌与知名品牌联合时，消费者对不知名品牌的态度也几乎不会对知名品牌产生不利的影响。

资源依赖理论解释了成分品牌联合在不对称情景下的联合效应和溢出效应以及影响因素的作用机制。在成分品牌联合中，当强强联合时，将获得双赢的市场效应。当强弱联合时，其市场效应表现为弱品牌获益较多，强品牌获益较少甚至受到拖累，但是，这种市场效应会受到中间品的独立性和合作契约的排他性的影响。

这些理论对成分品牌联合的理论解释简要总结如下：

（1）信息整合理论解释了成分品牌联合效应；

（2）联想记忆网络理论解释了成分品牌联合效应；

（3）信号理论解释了成分品牌联合效应；

（4）信号理论进一步解释了产品介入度和产品知识作为成分品牌联合的信号作用机制的影响因素；

（5）态度可得性理论解释了成分品牌联合效应影响因素——知晓度对成分品牌联合效应的影响机制；

（6）资源依赖理论解释了成分品牌联合的联合效应和溢出效应以及独立性和合作契约性质的影响机制。

这些理论是构建品牌联合理论框架的重要依据（见表4-1）。

表4-1 　　　　　　　　　　成分品牌联合的理论分析框架

理　论	解　释　对　象
信息整合理论	联合效应： 消费者对联合品牌的评价
联想记忆网络理论	联合效应： 消费者对联合品牌的评价
信号理论	联合效应： 消费者对联合品牌的评价
信号理论	影响因素： 产品介入度——影响成分品牌联合效应 产品知识——影响成分品牌联合效应
态度可得性理论	影响因素： 品牌知晓度——影响成分品牌联合效应
资源依赖理论	影响因素： 独立性——影响成分品牌联合效应 合作契约性质——影响成分品牌联合效应

第 5 章
成分品牌联合的相关变量

1　成分品牌联合的前因变量

　　如前所述，到目前为止，学术界在品牌联合研究中提取了三个前因变量：合作品牌评价、合作品牌的产品契合度、合作品牌契合度。

　　合作品牌评价是指消费者对参与联合的合作品牌的总体判断和评估。

　　合作品牌的产品契合度是消费者对两个合作品牌所标定的两个产品类别契合度的感知。

　　合作品牌契合度是指参与联合的两个品牌在形象和声誉上的一致性。

　　另外，有学者研究发现，合作品牌来源地形象对品牌联合的市场效应有影响。合作品牌来源地形象是指合作品牌来源的地区或国家与产品相关的形象，例如，来自瑞士的手表、德国的汽车、意大利的服装、法国的红酒。

　　宁昌会和薛哲（2009）通过实证研究证明了合作品牌产品来源国对联合品牌产品评价的影响。其研究结果显示，合作品牌来源地形象越高，消费者对联合品牌的产品评价就会越高，但是来源地效应因合作品牌权益水平的不同而有所不同。当品牌联合中某一品牌的来源地形象较高，而其联合对象的品牌权益较低时，则该品牌的来源地形象对联合品牌的产品评价会有较大的影响；同理，如果某一品牌的来源地形象较低，而其联合对象的品牌权益较高，那么该品牌的来源地形象对联合品牌产品评价的负面影响也就会较小（宁昌会，薛哲，2009）。①

成分品牌联合是品牌联合的一种类型。

但是，影响品牌联合的市场效应的前因变量在成分品牌联合情景下有些差异。品牌联合的前因变量中的品牌因素在成分品牌联合中依然会发挥作用，即合作品牌评价和合作品牌契合度会影响成分品牌联合的市场效应，更进一步，合作品牌来源地形象也会影响成分品牌联合的市场效应。

然而，在成分品牌联合中，参与合作的双方是同一产业链上下游厂商之间的市场主体，上游厂商提供"中间产品"，是下游厂商的投入品，中间产品和最终产品之间存在技术和工艺上的互补性。因此，在成分品牌联合中，合作品牌产品契合度的影响就不存在。

因此，成分品牌联合的前因变量包括：

合作品牌评价；

合作品牌契合度；

合作品牌产品来源地形象。

1.1　合作品牌评价

1.1.1　合作品牌评价的概念

消费者对合作品牌评价是指消费者在形成品牌态度基础上对品牌的评估和判断。消费者对品牌评价反映了品牌资产的大小，消费者对合作品牌评价越高，合作品牌资产价值越高。

品牌评价主要受品牌态度的影响。态度是人们对客观对象持有的信念，品牌态度就是消费者对品牌持有的信念。

----

① 宁昌会，薛哲. 来源国效应对联合品牌产品评价的影响，中南财经政法大学学报，2009（1）：129-134.

冯浩（2014）对"品牌态度定义"进行了文献探讨，对不同学者对品牌态度的界定进行梳理（冯浩，2014）①：

Fishbein 和 Ajzen（1980）认为：品牌态度是消费者对于特定品牌的持续性偏好或厌恶的倾向。

Wilkie（1986）认为：品牌态度是消费者根据品牌属性包括特征、外观和绩效对品牌进行判断形成的对品牌整体的综合性评价。

Mackenzie 和 Spreng（1992）认为：品牌态度是消费者对品牌属性进行评估，进而形成的对品牌的整体评价。因此，品牌态度对消费者品牌选择行为具有很大影响。

Howard（1994）认为：品牌态度是消费者对品牌的整体评价，消费者的品牌态度又受到品牌满足自己需求程度的影响，满足程度越高，对品牌评价越高。

罗子明（2002）认为：消费者态度是消费者对商品、服务及相关事情持有的肯定或否定、接近或回避、支持或反对的心理和行为上的倾向。品牌态度就是消费者对品牌持有的肯定或否定、接近或回避、支持或反对的心理和行为倾向。

符国群（2004）指出：品牌态度是消费者对品牌所持有的正面或反面的认识上的评价、情感上的感受和行动上的倾向（冯浩，2014）。②

因此，结合社会心理学对态度的界定和营销学者对品牌态度的认识，可以简要地对品牌态度进行界定：

品牌态度是消费者对品牌整体评价，品牌评价又受到消费者对品牌的认知、品牌情感和品牌行为倾向的影响。

在品牌联合中，合作品牌态度就是消费者分别对参与联合的两个品牌的整体评价。

---

① 冯浩 . 成分品牌联合的理论模型及实证研究 . 中南财经政法大学博士论文，2014.
② 冯浩 . 成分品牌联合的理论模型及实证研究 . 中南财经政法大学博士论文，2014.

在成分品牌联合情景下，消费者对合作品牌态度就是消费者分别对成分品牌联合中上游的成分品牌和下游的成品品牌各自所持有的态度。

根据信息整合理论、联想记忆网络理论和信号理论以及态度可得性理论，在成分品牌联合情境下，成品品牌评价和成分品牌评价对联合品牌评价有影响。

因此，消费者对合作品牌评价（包括消费者对成品品牌评价、消费者对成分品牌评价）是对成分品牌联合评价的前因变量。

1.1.2 合作品牌评价的测量

在营销研究中，学者们经常用品牌态度的测量结果来衡量消费者对品牌的评价。品牌态度体现在消费者对品牌的认知、情感和行为三个方面。

因此，在品牌联合中，可以用消费者对品牌的认知、情感和行为来测量消费者对合作品牌的评价。

认知是知识的范畴，品牌认知反映消费者对品牌记忆和理解。情感是情绪的范畴，品牌情感反映消费者对品牌的喜好。行为是行动的范畴，品牌行为反映消费者在形成品牌认知和品牌情感基础上对品牌所采取的行为倾向如购买意愿和推荐意愿。

因此，综合对消费者品牌认知、品牌情感和品牌行为的测量指标，得到品牌评价量表，测量结果用于衡量消费者对合作品牌的评价（见表5-1）。

表 5-1 　　　　　　　　　　**合作品牌评价的测量量表**

变　　量	定　　义	量　　表
品牌评价	品牌评价是消费者对品牌的整体判断和评估，体现在品牌认知、品牌情感和品牌行为倾向三个方面。	1. 我知道这个品牌 2. 我对这个品牌有印象 3. 我喜欢这个品牌 4. 我愿意购买这个品牌 5. 我愿意向朋友推荐这个品牌

1.2　合作品牌契合度

品牌契合度是品牌延伸和品牌联合的前因变量，即品牌契合度影响品牌延伸的市场效应和品牌联合的市场效应。

1.2.1　品牌延伸中的契合度

品牌延伸是用原有品牌推出新产品的品牌资产利用行为。在品牌延伸中只有一个品牌，不存在品牌契合度。

在品牌延伸中，契合度主要描述品牌标定的原产品与延伸产品的契合度。在品牌延伸中，产品契合度是原品牌产品和延伸产品在产品类别上的一致性、相似性以及两个产品在市场上的关联性和生产制造技术上的同一性。简而言之，产品契合度是产品技术工艺的一致性、产品类别的一致性、产品市场的一致性。在品牌延伸时，契合度高，消费者对延伸产品评价高，契合度低，消费者对延伸产品评价低，如小米手机向小米电视的延伸和小米手机向小米洗发水延伸比较，前者契合度高，后者契合度低，消费者对小米电视的评价应该高于小米洗发水。

1.2.2　品牌联合中的契合度

在品牌联合中，使用了两个品牌，契合度包含了合作双方的两个品牌的契合度和两个品牌标定的产品契合度。品牌契合度是指消费者对合作品牌认知上的一致性程度。

实际上，品牌契合度的本质是两个合作品牌在形象上的一致性、整合性，即两个品牌聚合后形成的新的品牌不会造成心理冲突，相反，两个品牌能够很好地进行融合，并产生更加丰富的联想。

1.2.3　品牌延伸和品牌联合的契合度比较

在品牌延伸中，是用原品牌推出新产品，品牌没有发生变化，因此，不存在品牌契合度问题，但是对产品契合度要求高，即一个品牌能够包容两个产品，如小米手机向小米电视延伸，都使用一个品牌"小米"。延伸契合度主要看小米手机和小米电视两个产品的契合度。两个产品的内在关联性——信息家用产品、市场和产品具有相似性和一致性导致小米品牌延伸的产品契合度较高。

在品牌联合情境下，使用两个品牌推出一个新产品。品牌联合的契合度就包括合作品牌的契合度和两个合作品牌标定的产品契合度与联合新推出的产品和原来合作品牌所标定的产品契合度。产品契合度与品牌延伸中的概念一致，所不同的是品牌延伸是用一个品牌推出新产品，品牌联合是用两个品牌推出一个新产品。品牌联合形成的新产品具有两个品牌，具有很强的包容性，因此，与品牌延伸相比，品牌联合对产品契合度的要求更低。

1.2.4 成分品牌联合中的品牌契合度

在成分品牌的联合中，成分品牌联合的两个品牌与成品品牌联合不同，成品品牌联合的两个产品都是最终产品，成分品牌联合的两个产品一个是成分产品，一个是成品产品，两者之间是天然互补的关系。因此，在成分品牌联合中不存在产品契合度问题。

因此，在成分品牌联合中，契合度只包含品牌契合度，即两个合作品牌（成分品牌和成品品牌）的品牌契合度。

根据信息整合理论、联想记忆网络理论和信号理论，在成分品牌联合情境下，消费者对下游成品品牌和上游成分品牌在认知上的一致性程度（即合作品牌契合度）对联合品牌评价有影响。

因此，成分品牌中的合作品牌契合度（即成品品牌和成分品牌的一致性）是成分品牌联合的前因变量。

1.2.5 成分品牌联合中的品牌契合度的测量

品牌契合度是指消费者对合作品牌的品牌形象的一致性看法。品牌形象可以从品牌使用者形象、品牌个性形象、品牌品质形象、品牌品位形象、品牌市场形象五个方面来进行测量。品牌使用者形象是指消费者关于品牌的使用者形象的联想，在合作品牌契合度中，用合作品牌使用者相似性来测量。品牌个性形象是指消费者关于品牌的人格化个性的联想，在合作品牌契合度中，用合作品牌个性一致性来测量。品牌品质形象是指消费者关于品牌品质的联想，在合作品牌契合度中，用合作品牌品质相似性来测量。品牌品位形象是指消费者关于品牌表达的社会品位的联想，在合作品牌契合度中，用合作品牌品位相似性来测量。品牌市场形象是指消费者关于品牌的市场地位的联想，在合作品牌契合度中，用合作品牌地位相似性来测量（见表5-2）。

表 5-2 品牌契合度的测量量表

变　量	定　义	量　表
品牌契合度	品牌契合度是指消费者对合作品牌的品牌形象的一致性看法。	1. 我认为这两个品牌的使用者很相似； 2. 我认为这两个品牌的个性很相似； 3. 我认为这两个品牌的品质很相似； 4. 我认为这两个品牌的品位很相似； 5. 我认为这两个品牌的市场地位很相似。

1.3　合作品牌产品来源地形象

1.3.1　品牌联合中的合作品牌来源地形象

在品牌联合中，合作品牌产品来源地形象是品牌联合的前因变量。宁昌会和薛哲的研究证实，参与品牌联合的合作品牌产品来源国形象对联合品牌评价有影响（宁昌会，薛哲，2009）。

1.3.2　成分品牌联合中合作品牌来源地形象

在成分品牌联合情境下，合作品牌包括成分品牌和成品品牌，来源地有成分品牌的来源地和成品品牌来源地之分。

但是在成分品牌联合中，成分品牌的产品已经作为成分或部件纳入成品品牌产品之中，最终面向消费者的只有成品品牌产品。在成分品牌联合中的来源地效应研究中，如果研究最终产品的来源地形象对其产品评价的影响，就不能反映出成分品牌联合这一个重要情景。

因此，成分品牌联合中的来源地效应研究应该着眼于成分品牌产品来源地形象对联合品牌产品评价的影响。根据联想记忆网络模型和信息整合理论的相关研究，成分品牌产品来源地形象会影响联合品牌产品评价（向赞，2014）[①]。

1.3.3　成分品牌产品来源地形象的联合效应的进一步解释

联想记忆网络理论解释了消费者根据不同来源地形成的不同来源地形象认知，以及在此基础上产生各种联想的活动过程。根据该理论，消费者对于来源地形象的各种认知，都存在于其记忆的网络节点上，只需要提供来源地信息就能够激活相关记忆。所以，在成分品牌联合中，提供成分品牌的来源地信息去刺激消费者关于该地区形象的记忆就能够让其产生相关的联想，该联想就能被用于产品评价。来源地效应在初级产品或者原材料中更为明显。而成分品牌化中多是对初级产品、原材料等创建品牌资产，成分品牌联合也是多与这类品牌进行的联合。并且来源地形象会影响消费者购买决策、感知质量、品牌态度，所以成分品牌产品的来源地形象也是影响成分品牌联合效应的重要因素（向赞，2014）[②]。

因此，成分品牌产品来源地形象是成分品牌联合的前因变量。

1.3.4　成分品牌联合中合作品牌来源地形象的测量

要建立成分品牌产品来源地形象的测量量表，首先要弄清楚来源地形象的构成。Pisharodi & Parameswaran （1994）将来源地形象划分为总体地区形象、

---

① 向赞. 成分品牌来源地效应研究——基于农产品成分的实证研究. 中南财经政法大学硕士论文，2014.

② 向赞. 成分品牌来源地效应研究——基于农产品成分的实证研究. 中南财经政法大学硕士论文，2014.

总体产品形象、具体产品形象（Pisharodi & Parameswaran，1994）。

总体地区形象是反映消费者对一个地区的经济发展水平、历史文化、人文素质等综合因素的总体认知，如消费者对德国的经济发展水平、历史文化、人文素质等综合因素的总体认知；总体产品形象是反映消费者对该地区整体产品属性的认知，如消费者对德国制造的总体认知；具体产品形象则是反映消费者对该地区某一具体产品类别的认知，如消费者对德国制造的汽车的总体认知（向赞，2014）[1]。

本研究关于成分品牌来源地形象测量量表借鉴了 Martin 和 Eroglul（1993）、李东进（2007）等人的量表，并进行了修改（见表5-3）（向赞，2014）[2]。

表 5-3　　　　　　　　　　成分品牌产品来源地形象的测量量表

维　　　度	测　量　题　项
总体地区形象 如德国	1. 该地区经济发展程度高 2. 该地区科技发展水平高 3. 该地区工业发展水平高 4. 该地区人文素质良好
总体产品形象 如德国制造	1. 该地区产品值得信赖 2. 该地区产品声誉好 3. 该地区产品工艺好
具体产品形象 如德国汽车	1. 该地区汽车产品值得信赖 2. 该地区汽车产品声誉好 3. 该地区汽车产品工艺好

---

① 向赞. 成分品牌来源地效应研究——基于农产品成分的实证研究. 中南财经政法大学硕士论文，2014.

② 向赞. 成分品牌来源地效应研究——基于农产品成分的实证研究. 中南财经政法大学硕士论文，2014.

2　成分品牌联合的结果变量

　　品牌联合的结果变量是指两个合作品牌进行联合向市场推出带有两个品牌的产品后，所获得的市场反应结果的衡量变量。

　　品牌联合所产生的市场反应的结果变量包括很多，例如：

　　消费者对联合品牌的评价；

　　消费者对联合品牌的购买；

　　消费者对联合品牌的推荐；

　　消费者对联合事件的看法；

　　消费者对联合后合作品牌的评价；

　　合作品牌资产价值的改变；

　　联合品牌的资产价值的形成；

　　分销渠道成员对联合品牌的评价；

　　分销渠道成员对联合事件的评价；

　　投资人对联合事件的反应；

　　社会公众对联合事件和联合品牌的反应。

　　但是，从合作品牌厂商的角度，对品牌联合的决策追求的结果看，无非是获利性和成长性。

　　获利性是经过联合新的推出的产品具有市场销量，通过销售获得利润。

　　成长性是经过联合决策后，推出联合品牌，形成联合品牌的资产价值以及通过联合使联合中原有的合作品牌资产价值增加。

　　无论是获利性结果，还是成长性结果，都依赖于消费者对联合品牌的评价和消费者对合作品牌的评价的改变。

因此，品牌联合的结果变量主要包括两个：

消费者对联合品牌的评价；

消费者对联合后合作品牌评价的改变。

在品牌联合文献中，一般把"消费者对联合品牌的评价"称为联合主效应（简称联合效应）；把"消费者对联合后合作品牌评价的改变"称为联合的溢出效应（简称溢出效应）。

2.1 成分品牌联合效应

成分品牌联合效应就是在两个合作品牌联合之后所产生的消费者反应，消费者反应包括对联合品牌的评价，称为成分品牌联合的主效应，也包括对参与联合的合作品牌评价的改变，称为成分品牌联合的溢出效应。例如，英特尔和联想联合推出联想计算机，消费者对装有英特尔微处理器的联想计算机的评价就是成分品牌联合主效应，简称联合效应。

成分品牌联合效应是产业链上下游合作厂商之间进行合作追求的品牌合作的直接效应，用消费者对联合品牌评价来衡量，是成分品牌联合的主要结果变量。消费者对联合品牌评价将影响联合品牌的市场销售，从而影响合作厂商的获利性。同时，消费者对联合品牌评价也影响联合品牌资产价值，进而影响联合品牌的成长性。

2.2 成分品牌联合溢出效应

消费者对参与成分品牌联合的合作品牌评价的改变——称为成分品牌联合的溢出效应，如 AMD 微处理器（成分品牌）和联想（成品品牌）两个品牌联合后，消费者对 AMD 和联想两个品牌的评价可能发生改变，这种因两个成分品牌联合导致的市场反应，称为成分品牌联合的溢出效应。

成分品牌联合的溢出效应也是联合厂商关心的结果变量。不当的成分品牌联合，推出的成分品牌的消费者评价低，将使参与合作的成分品牌的形象受到伤害，产生坏的溢出效应。良好的成分品牌联合，消费者对联合品牌评价高，参与合作的成分品牌和成品品牌伴随联合品牌的销售和推广进一步得到市场曝光，品牌形象得到进一步巩固和增强，产生好的长期的溢出效应。

此外，在成分品牌联合的情景中，成分品牌联合的溢出效应的内容比成品品牌联合的溢出效应更加广泛。

在成分品牌联合中，涉及产业链上下游厂商之间的合作关系。

两个厂商的合作不仅带来市场反应的改变，还可能带来产业链格局的改变，即成分品牌联合不仅导致消费者反应的改变，还可能带来产业链效应，如一个强势成分品牌会倒逼所有下游厂商选择与该品牌的合作，这会导致成分品牌的市场垄断，对产业链进行控制，降低了下游厂商的谈判能力。这又导致了上下游厂商在产业链上利益分配格局发生变化。这不仅可能导致上游成分品牌对下游厂商进行盘剥，还会进一步向终端消费者传导，使消费者付出更高价格购买产品。

成分品牌联合带来的产业链效应受到多种因素的影响，例如：

合作厂商品牌资产价值；

合作双方的合作契约性质；

合作厂商的营销战略；

上游厂商的产品性质等。

2.3 成分品牌联合结果变量的测量

成分品牌联合效应和溢出效应是用品牌联合之后的消费者反应来测量的。对成分品牌联合而言，最主要的消费者反应就是对联合品牌的评价和联合后合作品牌评价。品牌评价一般用品牌态度来衡量。因此，成分品牌联合效应和溢出效应的测量量表与前因变量测量量表相同，但操作上略有差异，主要是溢出效应是成分品牌联合前后合作品牌评价的改变（见表 5-4）。

表 5-4   联合效应和溢出效应的测量量表

变　量	定　义	量　表
联合效应： 联合后联合品牌评价	品牌评价是消费者对品牌的整体判断和评估，体现在品牌认知、品牌情感和品牌行为倾向三个方面。	1. 我知道这个品牌 2. 我对这个品牌有印象 3. 我喜欢这个品牌 4. 我愿意购买这个品牌 5. 我愿意向朋友推荐这个品牌
溢出效应： 联合后成品品牌评价 联合后成分品牌评价		

3　成分品牌联合的影响因素

品牌联合的前因变量与结果变量之间的关系受到多种因素的影响。这些因素被称为调节变量。

在品牌联合中，产品介入度、产品知识和品牌知晓度影响品牌联合的前因变量和结果变量之间的关系。

在成分品牌联合中，影响成分品牌的前因变量与结果变量之间的关系的因素比成品品牌联合的影响因素多且更复杂。

例如，在成分品牌联合中，当消费者产品介入度高，消费者对联合品牌评价和联合后合作品牌评价受到前因变量的影响小，相反，消费者产品介入度低，消费者对联合品牌评价和联合后合作品牌评价受到前因变量的影响大，即消费者产品介入度将改善或弱化品牌联合效应。

在有些情况下，两个变量之间的关系的作用边界会受到这些因素的影响。

例如，下游成品品牌厂商使用上游企业提供的成分品牌，双方签订的契约没有排他性，甚至上游企业面向所有下游厂商提供成分品牌，下游厂商从上游品牌中获得的联合市场效应将消失。

英特尔是知名成分品牌，由于其大规模的广告推广，消费者对 Intel 微处理器芯片品牌产品评价极高，正常情况下，下游主品牌厂商如联想与其合作，将获得广泛的市场效应。

但是，英特尔向下游厂商实现全面开放，使下游所有计算机厂商的产品在产品的 CPU 上陷入同质化，因品牌联合获得的联合效应消失，那么，契约的排他性决定了前因变量对联合效应的边界。

英特尔向下游厂商实现全面开放，溢出效应如何？

在非排他性合同下，当成分品牌联合发生后，消费者对英特尔和合作成品品牌评价比较复杂。

假设英特尔的合作主品牌分为劣质品牌和没有负面评价的品牌。

当合作主品牌没有负面评价的情况下，英特尔肯定不会受到影响，相反，由于良好的消费体验，加上成品品牌的联合推广和销售，英特尔的品牌资产价值可能会提升。由于非排他性契约，合作成品品牌的品牌资产价值将得不到改善。例如，联想的品牌资产价值不会因为装英特尔的 CPU 得到提升，因为其他品牌都装有英特尔的 CPU，联想品牌好不是联想好，是因为装了 Intel。

当英特尔和劣质主品牌合作时，英特尔可能会受到影响，是否会受到影响决定于劣质成品品牌的市场规模和消费者评价机制。当劣质成品品牌市场规模较大时，消费者介入度低，产品知识缺乏，品牌评价时又关注 CPU，英特尔品牌可能会受到拖累，劣质成品品牌的品牌资产价值可能会提升。当劣质品牌市场规模有限时，劣质品牌资产价值提升有限，英特尔受到的影响有限。

在成分品牌联合中，影响前因变量和结果变量关系的因素包括：

品牌知晓度；

消费者产品介入度；

消费者产品知识；

成分产品的独立性；

合作契约性质。

3.1 品牌知晓度

在成品品牌联合中，品牌熟悉度影响品牌联合的前因变量和结果变量之间的关系。

在成分品牌联合中，由于成分品牌标定的中间品是最终产品的组成部分，对于用户来讲，对"中间品"的知晓是非必需的。因此，在成分品牌联合中，用"品牌知晓度"代替品牌熟悉度，来反映消费者对"中间品"品牌的知晓程度。

品牌知晓度是终端消费者对合作品牌的了解程度。品牌知晓度可以用消费者对品牌的识别能力和回忆能力来进行判断。品牌识别能力，是指当消费者接触到众多相关品牌时，能识别出某品牌；品牌回忆能力，是指消费者接触到某类产品时，能够回忆起某品牌。

在成分品牌联合中，品牌知晓度对前因变量和结果变量的影响，可通过联想记忆网络理论和态度可得性理论来解释。

在成分品牌联合中，消费者对合作品牌知晓度，会影响联合品牌评价（联合效应）和联合后合作品牌评价（溢出效应）。当消费者对合作品牌的知晓度高时，消费者对合作品牌的信息会被激活从而对联合品牌评价产生影响，相反，当消费者对合作品牌知晓度低时，消费者对合作品牌的信息很难被激活从而很难因为联合形成消费者对联合品牌的评价，从而导致成分品牌联合效应和溢出效应非常有限。当消费者对合作品牌知晓度较低时，合作品牌来源地形象对联合品牌评价的影响也非常有限。

因此，在成分品牌联合中，品牌知晓度对成分品牌前因变量与联合效应和溢出效应的关系具有影响。

品牌知晓度是消费者对品牌的了解程度。因此，在衡量品牌知晓度时用消费者对品牌信息的掌握程度来衡量。

3.2　消费者产品介入度

3.2.1　介入度的概念

介入度是行为心理学研究中使用的概念，最初用于研究社会事件中个人对事件的投入和关注程度。介入度的实质是个人根据其内在需要和兴趣对客观对象所产生的投入和关注程度。在消费领域，消费者介入度就是消费者根据其消费需要和消费兴趣产生的对消费客体（产品）的投入和关注程度。

3.2.2 介入度的类别

根据介入度的定义，个人介入对象和客体不同产生了不同的介入度类别。在消费者行为领域，根据介入对象客体的不同，介入度可以分为信息介入度、产品介入度。信息介入度是个人对消费信息的介入程度；产品介入度是个人对消费的产品的介入程度。信息介入度例如对广告的介入度显然受到个人的内在需求和兴趣以及信息与这些需求和兴趣的关联程度的影响。产品介入度显然受到个人的消费需求和消费兴趣以及产品与这些需求和兴趣的关联程度的影响。

3.2.3 产品介入度

如前所述，产品介入度是个人对消费的产品的投入和关注程度。产品介入度受到产品、个人和环境的影响。

不同的产品类别与消费者内在需求、价值观、消费风险有关。产品价值高，产品属性、质量和性能对消费者很重要，如房产、汽车、计算机属于高介入度产品。低介入度产品一般被认为产品价值低，产品属性、质量和性能对消费者不很重要。

产品介入度也受个人因素的影响。不同收入的个体对同一产品类别的重视程度不同，相同收入个体由于消费观念和生活方式不同对同一产品类别的关注程度也不同。

产品介入度还受到环境要素的刺激影响。例如，"公牛开关"，本身是低介入产品，当对"公牛开关"进行类别定位——"装饰开关"，介入度就提高了，因为通过类别定位，建立了设计装修的美学价值，提供了"开关"的新的消费场景，从提高了"开关"的产品介入度。从这个意义上讲，在产业链上，上游厂商把"成分产品"进行品牌化，面向终端用户进行品牌营销，会提高消费者产品介入度。

3.2.4 产品介入度的影响机制

消费者产品介入度决定于信息加工动机。前面已经论述，精细加工模型认为，消费者主要通过两条路径来进行信息处理：中心路径和外围路径。在通过中心路径处理信息时，消费者信息加工动机强烈，希望和愿意通过深思熟虑的学习来改变已有的态度并形成新的态度；在通过外围路径处理信息时，消费者信息加工动机弱，只是基于一些简单的线索来做出判断。

在成分品牌联合情境中，当主品牌产品属于高介入度产品时，消费者会通过中心路径"深处理"信息，也就是会对主品牌产品以及成分品牌产品的各种产品信息进行较为深入的了解、对比以进行较为理性的评价；当主品牌产品属于低介入度产品时，消费者会通过外围路径"浅处理"信息，也就是说会更多地凭借广告、包装等显性信息或者对合伙品牌已有的态度做出较为感性的判断和评价（宁昌会，曹云仙子，2016）[1]。

进一步推论，在成分品牌联合中，当消费者对主品牌产品介入度较低时，消费者对联合品牌评价受到合作品牌态度以及合作品牌来源地形象影响更大，反之则相反。因此，产品介入度对成分品牌联合的前因变量与联合主效应和溢出效应的关系有调节作用。

3.2.5 产品介入度的测量

关于产品介入度的测量，本研究参照了 Chaffee 和 Mclead（1973）、Zaichkowsky（1994）、Tyebjee（1979）、Engle 和 Blackwell（1982）、Laurent 和 Kapferer（1985）的量表，在表达方式上进行适当修改，使量表更适合中国消费者。

具体的测量量表如下：这个产品能给我的日常生活带来很多乐趣；我认为这个产品让我心动；我觉得这个产品是生活中必需的；我认为这个产品是有价

① 宁昌会，曹云仙子. 成分品牌的溢出效应研究——品牌熟悉度和介入度的调节作用. 中南财经政法大学学报，2016（2）：122-127.

值的；这个产品对我的日常生活很重要；我觉得这个产品是值得拥有的；我觉得这个跟我的生活息息相关（冯浩，2014）①。

3.3　消费者产品知识

3.3.1　产品知识的概念

在市场营销学中，很多学者对产品知识进行了定义：

（1）产品知识是消费者关于产品特征、产品属性、产品功能以及如何使用和操作产品的知识（Brucks，1985）。

（2）产品知识是消费者关于与产品的直接知识和间接知识、具体知识和抽象知识（Dacin & Mitchell，1986）；

（3）产品知识是消费者对特定产品的信息认知和体验感知（Beatty & Smith，1987）；

（4）产品知识是指产品有关的信息，如产品类别、产品特征、产品性能、产品品牌和产品用途（Engel，Blackwell & Miniard，1993）。

从以上定义可以看出，产品知识的主体是消费者，产品知识的客体是产品，产品知识的内容主要包括：

产品要素的特征知识如汽车的舒适性、操控性；

产品特征的绩效知识如汽车操控性水平；

产品使用的操作知识。

因此，消费者产品知识就是消费者对产品要素特征、产品特征绩效和产品使用操作的知晓和理解程度。

3.3.2　消费者产品知识的作用机制

从消费者信息处理能力看，当消费者产品知识丰富时，消费者会凭借自己对产品质量、产品属性和产品性能的知识对产品进行理性评估。消费者产品知

---

① 冯浩. 成分品牌联合的理论模型及实证研究. 中南财经政法大学博士论文，2014.

识越丰富,对品牌等外部信息线索依赖程度越低,相反,消费者产品知识越匮乏,对品牌等外部信息线索依赖程度越高。

以汽车消费者为例,当汽车消费者汽车产品知识越丰富,对汽车产品属性、汽车质量和汽车性能以及性价比了解程度很高时,在汽车产品的选择、评价和购买过程中,会进行理性决策,受到汽车品牌和推广信息等外部线索的影响会减少。

在品牌联合情境中,消费者产品知识越丰富,消费者对联合品牌评价对合作品牌评价、合作品牌契合度以及合作品牌标定的产品契合度的依赖程度降低,相反,消费者产品知识越匮乏,消费者对联合品牌评价对合作品牌评价、合作品牌契合度以及合作品牌标定的产品契合度的依赖程度越高。

3.3.3　消费者产品知识对成分品牌联合的影响

根据消费者信息处理理论,在成分品牌联合情境中,当消费者对成品品牌产品知识、成分品牌知识很丰富时,即产品知识多时,消费者会通过中心路径"深处理"信息,也就是会对成品品牌产品以及成分品牌产品的各种产品信息进行理性分析和评价。反之,对成品品牌产品知识、成分品牌成品知识缺乏时,消费者会通过外围路径"浅处理"信息,也就是说会更多地依赖合作品牌的品牌形象等外部线索进行判断和评价。

进一步推论,在成分品牌联合中,当消费者对产品知识缺乏时,消费者对联合品牌评价受到合作品牌形象和来源地形象影响较大,反之消费者对联合品牌评价受到合作品牌形象及其来源地形象影响较小。

因此,消费者产品知识对成分品牌联合的前因变量与联合效应和溢出效应之间的关系有影响。

3.3.4　消费者产品知识的测量

本研究关于消费者产品知识的测量量表参照了 Brucks(1985)、Park & Lessig(1981)、Mitchell & Dacin(1996)、谢文雀(2001)等人的量表,并根据产品知识的概念把产品知识分为产品类别知识、产品属性知识和产品使用知识，在此基础上为适应中国消费者，对参考量表进行了适当的修正。

具体的测量量表如下：

我了解这类产品；

我了解这类产品的特征；

我了解这类产品的性能；

我能熟练使用这个产品。

3.4　成分产品的独立性

3.4.1　成分产品独立性的概念

成分产品独立性是指在产业链上游厂商生产的中间品即成分产品能够在市场上进行独立销售，而不完全依赖于下游厂商。

成分产品销售的对象可以有三个：

下游厂商；

中间品市场；

终端消费者。

如果上游中间品只能卖给下游厂商，那么对下游厂商的依赖程度很高，成分产品不具备独立性。

如果上游厂商能把中间品直接卖给消费者，或者卖给中间品市场，或通过中间品市场卖给终端消费者，那么对下游厂商的依赖程度很低，成分产品就具有独立性或者是能够独立销售的产品。例如，汽车轮胎厂商可以把产品卖给下游厂商，也可直接卖给终端消费者，也可在汽车零配件市场进行销售。因此，轮胎是独立性很高的产品。

3.4.2　成分产品独立性的影响机制

成分产品独立性在成分品牌联合的情景下，对成分品牌联合的前因变量和结果变量之间关系的影响比较复杂。成分产品独立性的作用不仅受到成分产品独立性的影响，还受到成分产品品牌资产价值大小的影响，也受到成品品牌资产价值大小的影响。

从上游厂商的角度看，当上游厂商的成分品牌资产价值较高时，无论成分产品是否具有独立性，成分产品生产厂商对下游厂商的依赖程度降低。在进行成分品牌联合时，当下游厂商品牌资产价值很高时，即强强联合时，上游厂商的品牌从品牌联合中会得到进一步强化（独立性较强时，品牌强化的程度较小；独立性较弱时，品牌强化的程度较大）；但当下游厂商品牌资产价值较低时，上游厂商的品牌将在品牌联合中受到坏的影响，即品牌被拖累。

从下游厂商的角度看，当上游厂商的成分品牌资产价值较高时，无论成分产品是否具有独立性，主品牌生产厂商对上游厂商的依赖程度较高。在进行成分品牌联合时，当成分产品独立性较强时，主品牌厂商获得的市场效应较弱（联合效应和溢出效应）；当成分产品独立性较弱时，主品牌厂商获得的市场效应（联合效应和溢出效应）较强。

因此，在成分品牌联合中，成分品牌产品是否能够在市场上独立销售，将影响成分品牌联合的市场效应。

3.4.3 成分产品独立性的测量

成分产品独立性是一个定类变量，即分为能够独立销售的成分产品或不能独立销售的成分产品，即独立性产品或非独立性产品。

3.5 合作契约性质

3.5.1 合作契约性质的界定

合作契约性质是指产业链上参与成分品牌联合厂商之间在进行合作时签订的合作协议是否具有排他性。

3.5.2 合作契约性质的影响机制

根据资源依赖理论，如果下游成品品牌厂商依赖上游成分品牌提供独特属性，成分品牌的价值意义对下游成品品牌的贡献多少依赖于合作伙伴之间的合同排他性。在排他性契约中，下游成品品牌厂商从品牌联合中获益较多；在非排他性契约中，下游成品品牌厂商从品牌联合中获益较少。

3.5.3 合作契约性质对联合效应的影响

从联合效应看，在排他性契约中，成分品牌只与下游独家成品品牌联合，消费者对联合品牌评价高（因为只有这个品牌具有上游厂商的独特属性），即联合效应高。在非排他性契约中，上游成分品牌被下游厂商共享，联合品牌成分独特性消失，消费者对联合品牌评价降低，即联合效应低。

3.5.4 合作契约性质对溢出效应的影响

从联合溢出效应看，在排他性契约中，成分品牌只与下游独家成品品牌联合，消费者对联合品牌评价高（因为只有这个品牌具有上游厂商的独特属性），即联合效应高，进而提升参与合作的成品品牌价值，在参与联合的合作品牌契合度高的情况下，参与合作的成分品牌价值也能提升。在非排他性契约中，上游成分品牌被下游厂商共享，联合品牌成分独特性消失，消费者对联合品牌评价降低，即联合效应低，进而溢出效应也会减少。在非排他性合同中，溢出效应还不仅于此，下游厂商共享成分品牌，导致成分品牌广泛的市场曝光，成品品牌溢价消失，溢出效应将波及上下游厂商在产业链中利益分配格局。英特尔对联想不是独家供货，向所有计算机厂商供货，使下游制造商产品的同质性增强，下游厂商无法从上游成分品牌商提供的成分品牌建立独特性，成分品牌联合效应减弱，自然无法获得品牌溢价。因此，上下游企业之间的契约排他性对成分品牌联合具有调节作用，这种调节作用不仅影响联合效应和溢出效应，甚至向产业链溢出。

3.5.5 合作契约性质的测量

合作契约性质是定类变量，其取值为排他性契约和非排他性契约两种情形。

第 6 章
成分品牌联合的理论框架

1 前因变量对结果变量的影响

1.1 前因变量对联合效应的影响

前面已经论述，在成分品牌联合中，影响联合效应的前因变量包括：合作品牌形象、合作品牌契合度和成分品牌来源地形象。成分品牌联合的结果变量包括联合效应变量和溢出效应变量，即联合品牌评价和联合后合作品牌评价。

1.1.1 合作品牌形象对联合品牌评价的影响

在理论基础部分，本研究将信息整合理论和态度可得性理论作为解释消费者对成分品牌联合评价的理论基础。具体来讲，信息整合理论和态度可得性理论解释了合作品牌形象是如何影响消费者对联合品牌评价的，即合作品牌评价对联合品牌评价的影响。

信息整合理论解释了外部刺激源导致消费者形成品牌态度的过程（Anderson，2006）。根据信息整合理论，当人们接受、解释、评价并且将外部刺激信息与现有的观点或态度进行整合时，可能会改变原来的态度或观点，或者形成新的态度或观点（Anderson，2006）。

在成分品牌联合中，成品品牌与成分品牌相结合形成联合品牌，两个品牌的信息和两个品牌连接信息构成了消费者建立新品牌评价的"认知环境"（宁昌会，2006）。也就是说，消费者很可能会把成品品牌认知、成分品牌认知以及成分品牌联合事件的认知作为"认知环境"对新形成的联合品牌做出判断和评价。

因此，在成分品牌联合中，消费者对合作品牌评价，通过成分品牌联合信号消费者将这种"认知环境"用于对联合品牌的评价，即形成联合品牌态度。

态度可得性理论表明，品牌态度越显著或越容易接受，该态度就越有可能被用于创造消费者的诱发集合（菲利普·科特勒，瓦得马·费沃德，2010）。因此，成分品牌联合中，某种品牌的正面属性可能使消费者将某一特定产品纳入其诱发集合并最终购买产品（菲利普·科特勒，瓦得马·费沃德，2010）。

综合信息整合理论和态度可得性理论，消费者对于联合品牌的评价会受到联合前消费者对于各合作品牌评价的影响：消费者对合作品牌评价越高，对联合品牌评价越高。

因此，在成分品牌联合中，成品品牌形象和成分品牌形象会正向影响消费者对联合品牌评价，也即消费者对合作品牌评价会正向影响消费者对联合品牌评价。

实验研究也证实了成品品牌形象和成分品牌形象会正向影响联合品牌评价（宁昌会，曹云仙子，2016）[①]。在实验中，分别选择手机和方便面两个产品品类的成分品牌联合实验。在手机品类的实验中，成品品牌分别选择三星手机和首派手机，成分品牌分别选择英特尔芯片品牌和杰尔芯片品牌。在方便面品类的实验中，成品品牌分别选择康师傅方便面品牌和锦丰方便面品牌，成分品牌分别选择老干妈辣酱品牌和美乐辣酱品牌。

在手机成分品牌联合实验中，虚构不同品牌形象的手机品牌和不同品牌形象的芯片品牌进行联合推出联合品牌，测试消费者对联合品牌的评价。研究发现高成品品牌评价的手机与高品牌评价的芯片进行联合时，即强强品牌联合

---

① 宁昌会，曹云仙子. 成分品牌的溢出效应研究——品牌熟悉度和介入度的调节作用. 中南财经政法大学学报，2016（2）：122-127.

时，消费者对联合品牌评价高；低成品品牌评价的手机与低成分品牌评价的芯片进行联合时，即弱弱品牌联合时，消费者对联合品牌评价低；低成品品牌评价的手机与高成分品牌评价的芯片进行联合或者高成分品牌评价的手机与低成分品牌评价的芯片进行联合，即强弱联合时，消费者对联合品牌评价居中。

在方便面成分品牌联合实验中，虚构不同品牌评价的方便面品牌和不同品牌评价的辣酱品牌进行联合推出联合品牌，测试消费者对联合品牌的评价，研究得出了与手机品类的成分品牌联合相似的结论。

1.1.2 合作品牌契合度对联合品牌评价的影响

在品牌联合中，学者们以认知心理学、信号理论、联想记忆网络理论等推导出品牌联合中产品契合度和合作品牌契合度对联合品牌评价有直接影响，并通过实验研究证实了产品契合度以及品牌契合度对联合品牌评价有直接影响。

在成分品牌联合情境中，合作品牌标定的产品天然互补，不存在产品契合度问题。成分品牌联合只需关注成分品牌与成品品牌之间的品牌契合度。两者的契合度与品牌联合中的品牌契合度并无不同。

在成分品牌联合中，当上游成分品牌和下游成品品牌形象一致时（例如两个品牌的品位形象一致性、使用者形象一致性、品质形象一致性等），表明两个合作品牌契合度高。

根据认知心理学、信号理论和联想记忆网络理论，消费者对联合品牌评价会受到合作品牌契合度的影响：合作品牌形象一致性越高，消费者对联合品牌评价越高。

因此，在成分品牌联合中，合作品牌契合度（成品品牌与成分品牌的契合度）对联合品牌评价有正向影响。

通过实验研究也证实，在成分品牌联合中，合作品牌契合度对联合品牌评价有正向影响（冯浩，2014）。在实验中，对电脑产品品类进行了实验，分别选择现实中成品品牌"联想"和"长城"，选择成分品牌"Intel"和"龙芯"，虚构不同合作品牌契合度的品牌联合情景，测试消费者对联合品牌评价。实验研究结果发现合作品牌契合高时（例如联想与英特尔），消费者对联合品牌评价高；合作品牌契合度低时（例如联想与龙芯）消费者对联合品牌评价低。

1.1.3 成分品牌来源地形象对联合品牌评价的影响

在成分品牌联合中，产业链下游的成品品牌的生产厂商希望借助成分品牌的品牌资产价值提高消费者对联合品牌的评价。

许多研究证实，产品的来源地会影响消费者对产品品牌的评价，消费者会因为品牌标定的产品来源地产生对品牌的次级联想。

由于国际分工的不同、资源分布的不同、社会经济发展水平的不同、技术发展水平和生产工艺传统的差异，不同地区和国家擅长和专注某些产品的设计制造，这些品质卓越的产品和品牌来源地对消费者评价产生了影响，被称为来源地效应。

消费者在购买某种产品和某类产品时，会将产品来源地纳入购买决策。消费者对某一产品来源地形象评价越高，则其对来自该地区的产品评价也就越高。

根据信息整合理论、信号理论和联想记忆网络理论，在成分品牌联合中，成分产品成为成品品牌产品的一部分，其来源地形象作为认知信息被整合、被作为"认知环境"信号、被作为联想记忆新的信息节点，来源地形象的属性信息也就会被消费者采纳并用于联合产品的评价中。

因此，在成分品牌联合中，成分品牌来源地形象（包括来源国和来源地区）对联合品牌评价有正向影响。

实验研究也证实，在成分品牌联合中，成分品牌来源地形象对联合品牌评价有正向影响（向赞，2014）[1]。在实验中，成品产品为红酒，成品品牌选择张裕，成分产品为生产红酒的蓝莓，成分产品来源地分别来自武汉、青岛和张家界。实验虚构葡萄酒张裕与来自武汉、青岛和张家界的蓝莓（产地品牌）进行联合，测试消费者对采用不同产地品牌的蓝莓（成分品牌）生产的张裕

---

[1] 向赞. 成分品牌来源地效应研究——基于农产品成分的实证研究. 中南财经政法大学硕士论文，2014.

葡萄酒的评价。实验结果表明，成分产品来源地形象与成品品牌产品评价存在正向相关关系，即对成分产品来源地形象评价越高（来自不同产地的蓝莓），对成品品牌产品的评价越高。这进一步说明，在成分品牌联合中，成分产品品牌来源地形象会正向影响联合品牌评价。

1.2 前因变量对溢出效应的影响

溢出效应是品牌联合后，消费者对原参与合作的品牌评价的改变。

假设参与联合的品牌分别为 A 和 B，联合后形成的联合品牌为 AB，那么溢出效应就包括联合后消费者对合作品牌 A 和合作品牌 B 的评价的改变。

联合后合作品牌 A 的评价会受到哪些因素的影响？

根据信息整合理论，在联合事件中，品牌 B 和品牌 AB 分别建立了品牌 A 的"认知环境"，因此，在品牌联合后，消费者对品牌 A 的重新评价会受到合作品牌 B 的评价和联合品牌 AB 的评价的双重影响。根据态度可得性理论，在联合事件中，消费者对品牌 B 的态度和品牌 AB 的态度越鲜明，消费者越有可能将对品牌 B 的态度和品牌 AB 的态度纳入对品牌 A 的评价。Simonin 和 Ruth（1998）在研究成品品牌联合中预测，消费者对联合品牌的态度很可能受到其对各品牌前态度的影响，并且对其中某一品牌的后态度也会受到对另一品牌态度的影响。Simonin 和 Ruth（1998）通过实证研究证明，品牌联合的溢出效应是显著存在的，并且作用是正向的（Simonin 和 Ruth，1998）。

成分品牌联合的溢出效应产生的机制与成品品牌联合相同。

消费者对成分品牌联合中成品品牌 A 的评价和成分品牌 B 的评价会影响联合品牌 AB 评价，进一步，对联合品牌 AB 的评价又会影响成品品牌 A 的评价和成分品牌 B 的评价，而且成品品牌 A 的评价又受到成分品牌 B 的评价的影响，同时，成分品牌 B 的评价也会受到成品品牌 A 的评价的影响。

因此，在成分品牌联合中，消费者对联合品牌评价以及对合作品牌评价会对联合后另一合作品牌评价产生影响。

前面已经论述，在成分品牌联合中，消费者对联合品牌评价受到合作品牌形象、合作品牌契合度和合作品牌来源地形象的影响。因此，成分品牌联合的溢出效应会间接受到合作品牌契合度和合作品牌来源地形象的影响。

简言之，成分品牌的溢出效应不仅受到联合品牌评价的影响，还会受到成分品牌联合的前因变量的影响。

实验研究也证实了成分品牌联合中存在的溢出效应。

冯浩在电脑产品品类的成分品牌联合实验中检验了成分品牌联合的溢出效应，即消费者对联合品牌评价对联合后成分品牌评价和联合后成品品牌评价的影响。研究发现，联合品牌评价对联合后成品品牌评价存在正向影响并达到显著水平；联合品牌评价对联合后成分品牌评价存在正向影响且达到显著水平（冯浩，2014）。因为联合品牌评价受到合作品牌形象、合作品牌契合度以及合作品牌来源地形象的影响，因此，电脑产业的成分品牌联合的溢出效应也间接受到成分品牌联合的前因变量的影响。

2　影响因素的调节作用

在成分品牌联合中，前因变量和结果变量关系会受到多种因素的影响。这些影响因素包括：

品牌知晓度；

消费者产品介入度；

消费者产品知识；

成分产品的独立性；

合作契约性质。

2.1　品牌知晓度

在品牌联合中，参与联合的合作双方的品牌一般具有一定的品牌资产价值，合作双方的品牌知晓度都较高，只有在这种情况下，参与联合的厂商才能通过联合从推出的联合品牌产品中获利，并伴随新产品的推广使得原品牌资产价值得到增加。

在成分品牌联合中，成品品牌为了提高产品质量、建立品牌形象、在市场上获得竞争能力、扩大产品市场占有率，一般会选择品牌知晓度较高的成分品牌。对于成分品牌而言，为了扩大产品销售量，一般会把产品同时供应给具有不同品牌资产价值的下游厂商。

不同品牌资产价值的品牌知晓度有差异。当上游厂商把成分品牌供应给具有不同品牌知晓度的下游厂商时，品牌联合的联合效应和溢出效应会受到影响，也就是消费者对联合品牌评价会受到影响，同时，对联合后消费者对成分品牌评价也会受到影响。

根据联想记忆网络理论，消费者对品牌的知识是由消费者记忆中各种相关的品牌信息节点构成，这些信息节点包括合作品牌知识信息节点如品牌名称、品牌形象、品牌产品质量等。

在成分品牌联合中，消费者对成品品牌知晓度，会影响联合品牌评价（联合效应）和联合后成分品牌评价（溢出效应）。当消费者对成品品牌的知晓度较高时，消费者对成品品牌的知识信息节点会迅速被激活从而对联合品牌评价产生影响，相反，当消费者对成品品牌知晓度低时，消费者对成品品牌的知识信息节点很难被激活从而很难因为品牌联合改变消费者对联合品牌的评价，从而导致成分品牌联合效应和溢出效应非常有限。

因此，在成分品牌联合中，品牌知晓度对成分品牌前因变量与联合效应和溢出效应的关系发挥调节作用。

实验研究也证实了成品品牌知晓度对成分品牌前因变量与联合效应和溢出效应的关系发挥调节作用（宁昌会，曹云仙子，2016）[①]。在实验中，分别选择手机和方便面两个产品品类的成分品牌联合实验。在手机品类的实验中，成品品牌分别选择三星手机（高知晓度成品品牌）和首派手机（低知晓度成品品牌），成分品牌选择英特尔芯片品牌（高知晓度成分品牌）和杰尔芯片品牌

---

① 宁昌会，曹云仙子.成分品牌的溢出效应研究——品牌熟悉度和介入度的调节作用.中南财经政法大学学报，2016（2）：122-127.

（低知晓度成分品牌）。在方便面品类的实验中，成品品牌分别选择康师傅方便面品牌（高知晓度成品品牌）和锦丰方便面品牌（低知晓度成品品牌），成分品牌分别选择老干妈辣酱品牌（高知晓度成分品牌）和美乐辣酱品牌（低知晓度成分品牌）。通过虚构品牌联合对消费者对联合品牌评价和联合后对成分品牌评价的影响进行测试。

实验研究结果显示，在成分品牌联合中，成品品牌知晓度越高，消费者对联合品牌评价越高；成分品牌知晓度越高，消费者对联合品牌评价越高。研究结果还表明，在成分品牌联合中，成品品牌知晓度越高，消费者对成分品牌联合后评价越高。

理论推导和实验结果都表明，在成分品牌联合中，成分品牌在选择成品品牌联合时，选择高知晓度的成品品牌，消费者对联合品牌评价和联合后对成分品牌评价都较高，相反，当选择低知晓度的成品品牌时，消费者对联合品牌评价和联合后对成分品牌评价都较低。

这说明，当成分品牌厂商为了扩大市场，把产品供应给品牌价值低的主品牌厂商时，存在一定的市场风险，可能无法从品牌联合中获益，甚至使品牌形象遭遇降低的风险。

2.2　消费者产品介入度

消费者产品介入度是指消费者在消费决策中对消费选择的投入和关注程度。前面已经论述，根据精细加工可能性模型，消费者主要通过两条路径来处理信息：中心路径和外围路径（Petty，Cacioppo，1995）。在通过"中心路径"处理信息时，消费者有意愿和能力投入时间和精力进行学习来了解产品属性、功能和效用，进而形成对产品的评价；在通过"外围路径"处理信息时，消费者没有强烈的信息处理动机或者没有能力处理信息，对产品评价依赖外部线索如品牌来进行判断。因此，消费者产品介入度对消费者态度的形成和改变有重要的影响。

在成分品牌联合情境中，当成品品牌产品属于高介入度产品时，消费者会通过中心路径"深处理"信息，也就是会对成品品牌产品以及成分品牌产品的各种产品信息进行较为深入的了解、对比以进行较为理性的评价；当成品品牌产品属于低介入度产品时，消费者会通过外围路径"浅处理"信息，也就是说会更多地凭借广告、包装等显性信息或者对合作品牌已有的态度做出较为感性的判断和评价（宁昌会，曹云仙子，2016）①。

进一步推论，在成分品牌联合中，当消费者对成品品牌产品介入度较低时，消费者对联合品牌评价受到合作品牌形象、合作品牌契合度以及合作品牌来源地形象影响更大，反之亦然。

因此，消费者产品介入度对成分品牌联合的前因变量与联合效应和溢出效应的关系有调节作用。

消费者产品介入度受多种因素的影响。消费者产品介入度和消费者的产品知识和信息处理能力有关，当消费者缺乏产品知识和信息处理能力较弱时，消费者产品介入度较低。同时，消费者产品介入度与产品类型有关，当产品价值高、购买风险高时，消费者介入度高。

此外，消费者产品介入度也受到其他外部环境的影响，如上游厂商品牌的广泛传播，"成分产品"对终端产品的重要性，提高消费者对产品的了解即增加消费者产品知识，都会提高消费者对终端产品的介入度。

由于消费者产品介入度受多种因素的影响，因此，实验研究仅部分证实产品介入度的调节作用，即消费者对联合品牌评价和联合后对合作品牌评价的关系受到消费者产品介入度的影响。

2.3　消费者产品知识

前面已经论述，从消费者信息处理能力看，当消费者产品知识丰富时，消费者会凭借自己对产品质量、产品属性和产品性能的知识对产品进行理性评估。消费者对产品属性、质量和性能的掌握程度，称为消费者产品知识。消费者产品知识越丰富，对品牌等外部信息线索依赖程度越低，相反，消费者产品

---

① 宁昌会，曹云仙子. 成分品牌的溢出效应研究——品牌熟悉度和介入度的调节作用. 中南财经政法大学学报，2016（2）：122-127.

知识越匮乏，对品牌等外部信息线索依赖程度越高。

根据精细加工模型，信息加工能力与消费者产品知识有关。当产品知识丰富时，消费者通过中心路径"深处理"信息，即广泛收集和处理相关信息；当产品知识匮乏时，消费者通过外围路径"浅处理"信息，即依据一些简单的外部线索来形成判断或态度。

在品牌联合情境中，当消费者产品知识缺乏时，消费者对联合品牌评价倾向于依赖简单的外部线索如品牌形象、品牌来源地等外部线索而不是依赖自身产品知识对联合品牌产品进行评价。因此，产品知识可以作为品牌联合的信号作用机制的调节变量，即产品知识越丰富，品牌联合效应和溢出效应越小；产品知识越缺乏，品牌联合效应和溢出效应越大。

在成分品牌联合情境中，当消费者对成品品牌产品知识、成分品牌知识丰富时，即产品知识多时，消费者会通过中心路径"深处理"信息，也就是会对成品品牌产品以及成分品牌产品的各种产品信息进行较为深入的了解、对比以进行较为理性的评价；反之，对成品品牌产品知识、成分品牌知识缺乏时，消费者会通过外围路径"浅处理"信息，也就是说会更多地凭借广告等显性信息或者对合作品牌形象和合作成分品牌来源地形象做出较为感性的判断和评价。

进一步推论，在成分品牌联合中，当消费者对产品知识缺乏时，消费者对联合品牌评价受到合作品牌形象和来源地形象影响更大，反之亦然。因此，产品知识对成分品牌联合的前因变量与联合效应和溢出效应的关系有调节作用。

实验研究也证实了消费者产品知识的调节作用。

冯浩在电脑产品品类的成分品牌联合实验中检验了消费者产品知识的调节作用（冯浩，2014）。研究发现，在对称性成分品牌联合中，当成品品牌和成分品牌都为知名度较高的品牌时，消费者产品知识具有调节效应；当成品品牌和成分品牌都为知名度较低的品牌时，消费者产品知识不具有调节效应。研究还发现，在非对称成分品牌联合中，即当成品品牌知名度高、成分品牌知名度低或成品品牌知名度低、成分品牌知名度高，消费者产品知识都具有调节作用。这说明无论是在对称性联合还是非对称性联合中，对于产品知识较少的电脑用户，在评价产品时都受到成品产品品牌和成分产品品牌评价的影响，而对电脑发烧友而言，在进行联合产品评价时，较少受到品牌这一外部线索的影响。

因此，当消费者产品知识丰富时，成分品牌联合的前因变量对成分品牌联合效应和溢出效应的影响减少；当消费者产品知识缺乏时，成分品牌联合的前因变量对成分品牌联合的联合效应和溢出效应增加。

在成分品牌联合的实践中，当产业产品品类复杂，消费者产品知识缺乏，在购买选择产品时更多依赖品牌这一外部线索时，上游厂商最好将其生产的"中间品"进行品牌化，并向终端用户进行品牌推广；而产业链下游的"终端产品"厂商在寻找供应商时，不仅要考虑上游供应商产品的质量因素，还要考虑产品的品牌因素。

2.4 成分产品的独立性

如前所述，根据资源依赖理论，只有在产业链上下游两个厂商都可以从品牌联合中得到联合收益的情况下，品牌联合才会产生，这种联合是在合作厂商存在相互依赖关系的前提条件下产生的。这种依赖关系同样适合成品品牌联合和成分品牌联合。

在大多数情况下，参与联合的两个品牌资产价值存在不对称性，如英特尔和联想，英特尔的品牌资产价值远高于联想的品牌资产价值。这种不对称性又导致上下游企业之间的相互依赖程度的不对称性。

在成分品牌联合情境下，这种不对称性产生的联合效应和溢出效应很复杂。当两个品牌资产价值不对称的品牌进行联合时，拥有弱势品牌的企业获益更多，拥有强势品牌的企业获益更少甚至会受到拖累。当两个品牌资产价值不对称的品牌进行联合时，弱势品牌可能会提升品牌资产价值，强势品牌可能会削弱品牌资产价值，即两个品牌资产价值不对称的品牌联合将殃及合作品牌。

成分产品的独立性是指成分产品是否能在市场上进行独立销售的特征。有的成分产品如汽车轮胎能够直接在市场上进行销售，有的成分产品必须与成品产品进行结合，必须供应给下游厂商，才能进行变现。成分产品的独立性会影响产业链上下游厂商的相互依赖关系。

在成分品牌联合情境中，当成分品牌的厂商能够在市场上独立销售其产品，成分品牌对联合成品品牌的依赖程度会降低。一方面，能够独立销售的独立成分品牌因为广泛的市场曝光品牌价值得以提升，另一方面，能够独立销售的独立成分品牌厂商对成品品牌厂商的依赖程度小。因此，成分品牌联合策略实施后，消费者对联合品牌评价被提升，成品品牌从联合中的市场效应增强，而成品品牌从联合中得到的利益又会因为对成分品牌过分依赖，其利益会因成分品牌厂商对产业链的控制被稀释。

因此，在成分品牌联合中，成分品牌产品是否能够在市场上独立销售，也将导致联合双方相互依赖程度不同，将对产业链的利益分配格局产生深远的影响。

于是，我们至少可以得出如下关于成分产品独立性的调节作用的命题：

在成分品牌联合中，相对能独立销售的成分品牌，不能独立销售的成分品牌对成品品牌依赖程度更高，成分品牌联合的前因变量对结果变量（联合效应和溢出效应）的影响更大。

在成分品牌联合中，上游厂商对下游厂商的依赖程度，受到成分产品独立性和下游厂商成品品牌价值大小的叠加影响。当成分产品不能独立销售，下游厂商的品牌价值很高时，成分品牌厂商对成品品牌厂商依赖程度最高；当成分产品能够独立销售，下游厂商品牌价值小的情况下，成分品牌厂商对成品品牌厂商依赖程度最低；其他情况下，成分品牌厂商对成品品牌依赖程度居中。

在成分品牌联合中，下游厂商对上游厂商的依赖程度，也受到成分产品独立性和上游厂商的成分品牌价值大小的叠加影响。当成分产品不能独立销售，上游厂商的品牌价值很低时，成品品牌厂商对成分品牌厂商依赖程度最低；当成分产品能够独立销售，上游成分品牌价值大的情况下，成品品牌厂商对成分品牌厂商依赖程度最大；其他情况下，成品品牌厂商对成分品牌厂商依赖程度居中。

因此，在成分品牌联合的实践中，上下游厂商在进行品牌联合时，既要考虑成分品牌独立性，又要考虑合作双方的品牌价值大小及两者的叠加效应。

冯浩通过实验研究检验了成分产品独立性对成分品牌前因变量与结果变量之间关系的影响（冯浩，2014）。研究结果表明，成分产品独立性在对称性和非对称性成分品牌联合中的调节作用不同：在对称性品牌联合中，合作品牌都知名的情况下，成分产品独立性具有调节效应；合作品牌都不知名的情况下，成分产品独立性不具有调节效应；在非对称性品牌联合中，成分产品独立性都具有调节效应。

2.5 合作契约性质

合作契约性质是指产业链上参与成分品牌联合厂商之间在进行合作时签订的合作协议是否具有排他性。

根据资源依赖理论，如果下游成品品牌厂商依赖上游成分品牌提供独特属性，成分品牌的价值意义对下游成品品牌的贡献多少依赖于合作伙伴之间的合同排他性。在排他性契约中，下游成品品牌厂商从品牌联合中获益较多；在非排他性契约中，下游成品品牌厂商从品牌联合中获益较少。

从联合主效应看，在排他性契约中，成分品牌只与下游独家成品品牌联合，消费者对联合品牌评价高（因为只有这个品牌具有上游厂商的独特属性），即联合效应高。在非排他性契约中，上游成分品牌被下游厂商共享，联合品牌成分独特性消失，即联合效应低。

因此，在成分品牌联合中，相对排他性契约，非排他性契约使前因变量对联合效应的影响减少。

从联合溢出效应看，在排他性契约中，成分品牌只与下游独家成品品牌联合，消费者对联合品牌评价高（因为只有这个品牌具有上游厂商的独特属性），即联合效应高，进而提升参与合作的成品品牌价值，在参与联合的合作品牌契合度高的情况下，参与合作的成分品牌价值也能提升。在非排他性契约中，上游成分品牌被下游厂商共享，联合品牌成分独特性消失，即联合效应低，进而溢出效应也会减少。

因此，在成分品牌联合中，相对排他性契约，非排他性契约使前因变量对溢出效应的影响减少。

在非排他性合同中，溢出效应还不仅于此，下游厂商共享成分品牌，导致成分品牌广泛的市场曝光，成品品牌溢价消失，溢出效应将波及上下游厂商在产业链中利益分配格局。英特尔对联想不是独家供货，向所有计算机厂商供货，使下游制造商产品的同质性增强，下游厂商无法从上游成分品牌商提供的成分品牌建立独特性，成分品牌联合效应减弱，自然无法获得品牌溢价。

因此，上下游企业之间的契约排他性对成分品牌联合的前因变量与结果变量之间的关系具有调节作用，这种调节作用不仅影响联合效应和溢出效应，甚至向产业链溢出。

此外，在成分品牌联合中，产业链上下游厂商的品牌价值大小会改变两者之间的相互依赖关系。因此，契约排他性对成分品牌联合的影响作用又受到合作品牌价值大小的影响。实验研究发现，契约排他性在对称性和非对称性成分品牌联合中的调节作用不同。在对称性品牌联合中，合作品牌都知名的情况下，排他性具有调节效应；合作品牌都不知名的情况下，排他性不具有调节效应。在非对称性品牌联合中，排他性都具有调节效应（冯浩，2014）。

综上所述，在成分品牌联合中，契约排他性会影响前因变量对联合效应和溢出效应的影响，而契约排他性的影响又受到参与合作品牌价值的对称性影响。

3　成分品牌联合的理论框架

3.1　成分品牌联合的理论逻辑

对成分品牌联合的理论进行探索是基于品牌管理理论发展的需要和品牌管理实践发展的需要。

3.1.1 成分品牌联合是品牌创建和品牌利用的方式

在品牌管理理论框架中，品牌管理分为三个部分：品牌决策管理、品牌塑造管理和品牌利用管理。

品牌决策管理模块是品牌要素的选择决策如品牌名称、品牌标识、品牌定位等的决策管理。品牌塑造管理模块是对品牌要素进行设计决策后，通过一定的市场推广手段对品牌进行打造，在市场中建立品牌形象的活动的内容和过程。品牌利用管理模块是通过品牌要素设计、品牌形象塑造，在市场中建立品牌形象后，对品牌资产的管理和利用。

从品牌管理理论框架看，品牌管理实际上包括两项内容：品牌创建和品牌利用。

（1）品牌创建

品牌创建包括：品牌要素设计和品牌要素塑造。

①品牌要素设计是企业在进行品牌创建时，在品牌中注入哪些属性以及属性特征和水平的设置，以对接企业所选择服务的目标市场对品牌的需求内容和需求特征。

②品牌要素塑造是企业进行品牌创建时，通过品牌传播与受众进行沟通对目标市场受众感官施加影响，将品牌要素信息植入目标消费者的心智，构建独特品牌联想的过程，也就是品牌形象形成的过程。

（2）品牌利用

品牌利用是在经过品牌塑造形成独特品牌形象后，对具有一定资产价值的品牌的利用。品牌形象一旦形成，其独特形象蕴含的价值赋予品牌用户消费价值、生活价值甚至生命意义；品牌对用户的独特价值和意义导致用户对品牌的忠诚。用户对品牌的忠诚带来企业的持续盈利，使品牌具有资产属性。品牌资产是一种无形资产，而且是一种不折旧且具有储蓄性质的资产。企业可以通过对品牌资产的应用增加企业盈利并使品牌资产价值获得增长。

品牌利用的方式包括：品牌延伸、品牌授权和品牌联合。品牌延伸是企业利用现有品牌推出新产品的品牌利用决策行为。品牌授权是指品牌拥有者即

（品牌授权商）通过协议授权其他厂商使用自己的品牌，从事生产、销售某种产品或服务的一种品牌利用方式。品牌联合是利用两个或两个以上品牌推出新产品的品牌决策行为。

品牌联合既是品牌利用方式又是品牌创建方式。品牌联合从品牌利用的角度看，与品牌延伸和品牌授权一样，都是利用现有品牌推出新产品的品牌资产利用方式。但是，品牌联合与品牌延伸和品牌授权不同，品牌联合还是一种品牌资产创建方式。在品牌联合的情境中，对于单个合作厂商而言，在合作中不仅利用了自己的品牌推出新的联合品牌，而且利用了合作厂商的品牌推出联合品牌，即通过资源外取的方式创建新品牌。因此，品牌联合是企业通过与外部企业的合作，采取资源外取的方式进行品牌利用和品牌创建的品牌经营行为，使品牌资产获得广义的增长。

成分品牌联合也是品牌利用和品牌资产创建方式。成分品牌联合是品牌联合的一种特殊类型。在成分品牌联合中，最终向用户呈现的终端品牌包含了成分品牌和成品品牌。对于成分品牌厂商和成品品牌厂商而言，都通过成分品牌联合利用了现有品牌资产又通过合作创建了新的联合品牌。因此，成分品牌联合也是企业通过资源外取的方式进行品牌利用和品牌创建的品牌经营行为。

3.1.2 成分品牌联合是产业分工细化的产物

（1）产业分工是生产方式的伟大变革

生产方式的变革极大地推动了生产效率的提高，从而推动社会经济的快速发展。生产方式的变革源于新技术的采用和社会分工的发展。新技术的采用导致了生产要素的优化，如生产要素的机械化、电气化和智能化，使人类生产效率发生了跨越式提高。同时，社会分工的发展也有力地推动了生产效率的提高。社会分工的发展不仅体现在产业的社会分工，还体现在产业链上的社会分工。同一产业链上的不同企业进行分工协作，高效地完成整个产业链的价值创造。在产业链上，不同的企业的"价值链"覆盖在产业的不同环节，通过"专业化"从内部提高企业的生产效率（提高单位成本产量、单位生产要素产量和单位时间产量），以及通过"市场化"从外部倒逼企业提升产品质量、生产更适应市场需求的产品，进而提高企业竞争力和生产效益。"专业化"和"市场化"（专业化导致市场化，市场化进一步推动专业化）极大地推动生产方式的改变，给人类社会带来给多更好的产品。

（2）技术的发展进一步推动了产业分工的细化

人类社会的发展历史，也是人类沟通发展的历史。信息技术革命，特别是互联网技术的发展使人类社会沟通效率得到提升，也降低了社会沟通成本。互联网技术的发展导致了"人与人的联结"形成的社交网络、"人与事"的连接形成的业务网络、"物与物"的连接形成的物联网在现代社会能够顺畅地运行。三大网络的形成使产业链上的企业之间的合作变得更加便捷，企业之间的市场"交易成本"降低有力地促进了产业链上的企业之间的分工协作。分工协作的便利又进一步推动了产业分工的细化。

例如，智能手机产业的终端手机品牌厂商通过社交网络与用户相连；通过业务网络和物联网分别与操作系统开发商、芯片制造商、手机元器件制造商和零组件供应商建立连接，这些手机产业链上的企业能够很便利进行共同协作向手机用户提供优质产品。

（3）产业分工的细化催生了成分品牌联合的产生

产业分工的细化导致"产品成分"供应的市场化。"产品成分"也就是"成分产品"的市场化导了产业链上游生产同一"成分产品"的企业之间的竞争，共同争夺下游厂商。与此同时，下游厂商为了提高自己的竞争能力占领市场和扩大销售量，一方面要改善终端产品质量，另一方面要优选"中间品"。

从上游企业的角度看，上游企业为了在竞争中脱颖而出，除了通过研发提供具有独特价值的产品外，另一个选择就是越过下游厂商面向终端用户做品牌营销，对"成分产品"进行品牌化，在终端用户心智中塑造独特品牌。产业分工的进一步细化催生了众多的"中间品"企业和众多"成分品牌"。

从下游企业的角度看，下游企业要在竞争中脱颖而出，为了提高自己的终端产品质量，必然选择具有独特价值的"成分产品"和"成分品牌"，携带优化的产业链网络与对手展开竞争，同时改善终端产品质量并通过品牌化向终端消费者进行品牌营销，形成具有独特价值的"终端产品"和"终端品牌"（成品品牌）。

从终端用户的角度，最终购买的终端产品是含有"成分品牌"和"成品品牌"的双品牌产品。

因此，产业链上下游厂商之间的合作不仅是供应和被供应之间的合作关系，还形成了成分品牌联合的合作关系。

成分品牌联合的合作关系的形成，要求产业链上的企业从品牌管理的角度重新审视两者之间的合作关系。

3.2 成分品牌联合的理论依据

推导成分品牌联合的理论命题的主要理论依据包括：信息整合理论，联想记忆网络理论，信号理论，态度可得性理论，资源依赖理论。

3.2.1 信息整合理论对成分品牌联合的市场效应的解释

根据信号整合理论，在成分品牌联合的情境中，消费者会整合其对成品品牌和成分品牌的认知信息和态度信念，来形成对成分联合品牌，也就是最终产品的整体认知和整体态度（成分品牌联合效应）。消费者对最终产品（实施品牌联合后形成的包含两个品牌的联合品牌标定的最终产品）的整体认知和整体态度，又会影响到对参与联合的成品品牌和成分品牌的评价（成分品牌联合的溢出效应）。

因此，信息整合理论可以用来解释消费者对合作品牌评价对联合品牌评价的影响，也解释了消费者对联合品牌评价对联合后合作品牌评价的影响。

3.2.2 联想记忆网络理论对成分品牌联合的市场效应的解释

根据联想记忆网络理论，在成分品牌联合的情境下，消费者对两个合作品牌的记忆联想（节点）被激活，并建立新的品牌联想节点链接，对联合品牌产生的新联想用于消费者建立联合品牌的认知，并形成相应的态度，进而形成对联合品牌的认知和态度（联合效应）。同样，消费者对两者的联合事件的认知和态度以及对新的联合品牌的认知和态度会对合作品牌的认知和态度产生影响（溢出效应）。

因此，联想记忆网络理论可以用来解释消费者对合作品牌评价对联合品牌评价的影响，也解释了消费者对联合品牌评价对联合后合作品牌评价的影响。

3.2.3 信号理论对成分品牌联合的市场效应的解释

根据信号理论，在成分品牌联合的情境下，一个不知名主品牌厂商与一个具有知名成分品牌的供应商合作时，相当于不知名成分品牌，与知名成分品牌联合，由于知名成分品牌的高质量信号，消费者对联合品牌质量感知较高（联合效应）。与此同时，消费者对不知名主品牌的质量感知有可能被提升，对知名成分品牌的质量感知有可能降低（溢出效应）。

因此，信号理论可以用来解释消费者对合作品牌评价对联合品牌评价的影响，也解释了消费者对联合品牌评价对联合后合作品牌评价的影响。

3.2.4 信号理论对消费者产品知识和消费者介入度的调节作用的解释

根据信号理论，在成分品牌联合中，成分品牌联合实际上是向市场传递一种信号，这种信号会对消费者认知、情感和行为产生影响，同时影响程度受到消费者处理信息的动机和能力的影响。当消费者介入度低和产品知识丰富时，合作品牌信号的联合效应和溢出效应都会减少。

因此，信号理论可以用来解释"消费者产品知识"和"消费者介入度"对成分品牌联合的前因变量和结果变量之间关系的影响。

3.2.5 态度可得性理论对品牌知晓度的调节作用的解释

根据态度可得性理论，在成分品牌联合的情境中，当消费者对两个合作品牌知晓度都高时，消费者对合作品牌评价很容易转移到联合品牌上，从而产生较高的联合效应和溢出效应；相反，当消费者对两个合作品牌知晓度都低时，消费者很难产生对联合品牌的评价，也就谈不上联合效应。但是，根据态度可得性理论,当不知名品牌与知名品牌联合时,消费者对不知名品牌的态度也几乎不会对知名品牌产生不利的影响,这说明品牌知晓度具有正面的调节作用,没有负面的调节作用。

因此,态度可得性理论可以用来解释"品牌知晓度"对成分品牌联合的前因变量和结果变量之间关系的影响。

3.2.6 资源依赖理论对成分产品独立性和合作契约性质的调节作用的解释

根据资源依赖理论,在成分品牌联合中,当消费者对合作品牌评价都很高时,即实施强强联合时,合作双方将获得双赢的市场效应;当消费者对合作品牌评价高低不同时,即实施强弱联合时,其市场效应表现为弱品牌获益较多,强品牌获益较少甚至受到拖累。

根据资源依赖理论,成分品牌联合的市场效应受到成分产品独立性和合作品牌资产对称性的双重影响。在对称性成分品牌联合中,能够独立销售的成分品牌将增加成分品牌联合的市场效应;在不对称成分品牌联合中,成分产品独立性对成分品牌联合的市场效应没有影响。

根据资源依赖理论,成分品牌联合的市场效应受到合作契约性质和合作品牌资产对称性的双重影响。在对称性成分品牌联合中,排他性契约将增加成分品牌联合的市场效应;在不对称成分品牌联合中,合作契约性质对成分品牌联合的市场效应没有影响。

因此,资源依赖理论可以用来解释"成分产品独立性"和"合作契约性质"对成分品牌联合的前因变量和结果变量之间关系的影响。

3.3 成分品牌联合的理论命题

通过对成分品牌联合涉及的前因变量、结果变量和影响要素变量的梳理,对前因变量和结果变量之间关系以及对两者关系的影响因素的理论分析,结合实验研究结果,可以得出成分品牌联合的理论命题。

3.3.1　合作品牌形象的市场效应

消费者对合作品牌评价会直接影响消费者对联合品牌评价，也会间接影响联合后消费者对合作品牌评价。

因此，企业在成分品牌联合决策中，对合作目标品牌选择时，要对合作品牌形象和品牌资产进行评估。

3.3.2　合作品牌形象一致性的市场效应

消费者对合作品牌形象一致性认知会直接影响消费者对联合品牌评价，也会间接影响联合后消费者对合作品牌评价。

因此，企业在成分品牌联合决策中，对合作品牌形象的契合度要进行评估。

3.3.3　合作品牌来源地形象的市场效应

研究证实，合作品牌来源地形象对联合品牌评价有影响，也会间接影响联合后消费者对合作品牌的评价。

因此，企业在成分品牌联合中，应该优先选择具有良好品牌来源地形象的合作品牌。

3.3.4　影响成分品牌联合市场效应的因素

研究发现，成分品牌联合的前因变量的市场效应会受到消费者特征、成分产品特征、合作契约特征的影响。

消费者介入度和消费者产品知识对成分品牌联合的前因变量的市场效应有影响，当消费者介入度低和消费者产品知识缺乏时，前因变量的市场效应影响大。

因此，企业在进行成分品牌联合时，要考察目标市场消费者特征。

成分产品独立性对成分品牌联合的前因变量的市场效应有影响，当成分品牌能在市场上进行独立销售时，前因变量的市场效应较小。

因此，企业在进行成分品牌联合时，要针对不同成分产品类型特征进行品牌联合决策。

合作契约性质对成分品牌联合的前因变量的市场效应也有影响，排他性契约前因变量的市场效应大。

因此，企业在进行成分品牌联合时，要考虑合作契约性质对联合结果的影响。

第 7 章
成分品牌联合的管理实践

1 成分产品厂商策略及其产业链效应

成分产品厂商位于产业链上游，为下游成品产品厂商提供终端产品的"成分"，构成终端产品"部件"或"材料"。

成分产品厂商策略包括成分产品厂商的业务定位策略、成分产品品牌化策略和成分品牌联合策略。

成分产品厂商采取不同策略会产生不同的产业链效应。

1.1 成分产品厂商的业务定位策略及其产业链效应

1.1.1 成分产品厂商的业务定位策略

为了提高生产效率，绝大多数产业形成了高度分工的产业链体系。产业链分工导致了不同竞争优势的企业分布在产业链的不同环节。

产业链体系中不同生产环节所要求的核心能力不同。

企业可以按照能力重心分为知识型企业和资产管理型企业。例如，处在研发设计和营销环节的企业属于知识型企业，处在生产组装环节的企业属于资产管理型企业。

产业链体系中的不同生产环节进入壁垒不同，有的门槛很高，对产业的发展起着至关重要的作用。

这些环节是产业链中的核心环节。例如：电脑产业的核心环节是微处理器芯片、操作系统和应用软件；汽车产业链的核心环节是燃油车三大件：发动机、底盘、变速箱是其核心环节；电动车三大件即电机、电控、电池是其核心环节；智能手机的核心环节是手机芯片、手机屏幕、手机摄像头；通信设备制造行业的核心环节是核心部件：基站芯片、光通讯模块、手机处理器。

成分产品厂商在产业分工体系中，首先应对产业环节进行细分，找到产业核心环节，这些核心环节是技术密集、高附加值、高利润区，然后把产业各环节所需要的资源、技术、资金和人才与企业愿景、资源和能力进行对标分析，进行业务定位，尽可能将业务定位在产业链的核心环节，然后通过整合企业内外资源，通过技术和管理创新的积累，在核心环节上形成自己的优势。

1.1.2　成分产品厂商业务定位策略的产业链效应

成分产品厂商的业务定位策略是指成分产品厂商将自己的业务选择在相关产业链中的某一环节的决策行为。

在产业链中，不同的环节所需的资源和能力不同，进入壁垒和门槛难度差异大，不同环节的利润空间也不同。

企业在进行业务定位时，尽可能选择产业链的核心环节，通过技术和管理创新，在产业链的核心环节上形成战略控制点。

这些战略控制点包括生产资源控制优势、核心知识产权优势、产品研发能力优势、生产工艺优势、生产成本优势、产品质量优势、客户关系优势、分销网络优势、品牌形象优势和企业声誉优势。

企业一旦拥有这些优势，成分产品厂商就可以通过这些战略控制点来提高自己在产业链中的地位，增加在产业链上的市场权力和话语权，增加合作伙伴对自己的依赖，获得充裕的利润的同时使自己建立持久的竞争优势。

1.2 成分产品厂商品牌化策略及其产业链效应

1.2.1 成分产品厂商的品牌化策略

成分产品品牌化，是成分产品厂商通过对自己生产的成分产品进行品牌标定，塑造成分品牌的过程。

如前所述，成分产品品牌塑造和创建内容主要包括成分品牌的要素决策和品牌推广决策。

（1）成分产品品牌的要素决策

成分产品品牌的要素决策就是成分产品厂商在塑造品牌过程中对品牌要素的选择决策，即在品牌中植入哪些要素，来构成品牌形象。

成分产品品牌要素决策与成品品牌要素决策没有本质差异，主要包括成分品牌标定的产品要素、成分品牌的厂商要素、成分品牌的人格化要素和成分品牌的符号要素。

产品要素主要从产品独特属性和独特功能以及与下游厂商产品匹配性方面进行选择。成分品牌厂商要素主要从厂商的企业使命、企业愿景、企业宗旨以及企业拥有的独特资源、独特能力和独特发展优势方面进行选择。人格化要素主要从使用者身份和个性方面进行选择。

在成分产品品牌要素决策中，还要聚焦于核心要素对成分品牌进行定位，以建立成分品牌的核心价值。

成分品牌核心要素是对成品产品质量和性能发挥重要作用的成分产品属性和性能，并且这些属性和性能得到终端消费者的关注和重视。

对于成分产品品牌而言，由于其标定的产品是中间品，其产品隐藏在产品成品中，使成分产品不具有社交属性，因此，成分产品品牌的定位主要依据其独特的属性和卓越的性能，这些属性和性能会成为终端消费者选择终端成品品牌的决策要素，从而通过成分品牌的核心价值取向建立消费者产品偏好。

（2）成分产品品牌的推广策略

品牌推广策略是在品牌要素决策后通过营销推广工具在消费者接触界面

（通常是信息消费媒介如传统媒体、户外媒体和各种以互联网为基础的新媒体）进行品牌宣传和品牌推广的企业品牌经营行为。

成分产品品牌推广与一般品牌推广在本质上没有什么不同。成分品牌推广工具也包括品牌广告、品牌公关、品牌推销和品牌促销等手段。也通过人、产品、媒体、活动、事件等信息载体传播品牌核心价值。

成分产品品牌与成品产品品牌所不同的是成分产品品牌的营销对象和购买对象不同。成分产品品牌的营销对象是终端产品的消费者和下游终端产品厂商，成分产品品牌的购买者是下游厂商。

因此，成分产品厂商有另外两种手段对成分产品品牌进行推广：面对终端用户进行品牌推广和联合下游厂商进行品牌推广。

①面向终端用户进行品牌推广。成分产品厂商的直接用户是下游厂商，其销售模式一般是 B2B 的模式，如果只采取这种模式，无须品牌化，其产品被隐含在成品产品中，由于技术迭代成分产品将被市场淹没和被对手取代。因此，成分产品厂商为了避免被市场淹没和被竞争对手模仿，可以采取 B2C 的营销模式，即越过下游厂商，面向终端用户进行塑造品牌和推广品牌，向终端用户展示其卓越性能及其对终端产品性能的至关重要性，改变其销售模式，由 B2B 的销售模式转向 B2C 的销售模式。

②联合下游厂商进行品牌推广。当成分产品厂商向终端用户进行品牌塑造和品牌推广后，在终端用户心智中建立了品牌形象，将影响终端用户的消费决策和购买行为。反过来，成分产品品牌在终端用户的良好形象将驱动下游厂商在进行品牌推广时向终端用户宣传其采用了某种具有卓越性能的成分品牌，如很多面料厂商和服装厂商宣传其品牌采用了杜邦的莱卡成分。因此，成分产品厂商可以联合下游厂商进行品牌推广，通过在最终产品上贴上某一成分的品牌标签来吸引消费者的注意力，让消费者来了解该成分的功能和优越性，从而进一步提高品牌知晓度和品牌忠诚度，进一步加强其市场地位。

1.2.2 成分产品品牌化的产业链效应

成分产品厂商采用品牌化策略将产生广泛的产业链效应，如改变终端消费者的市场需求、使成分厂商的技术优势转变为市场优势、提高上游厂商在产业链上的地位。

（1）成分产品品牌化将改变终端用户的市场需求

成分产品生产厂商采用品牌管理策略，使成分产品品牌化，建立成分产品品牌形象，向终端用户展示其成分的卓越性能和卓越品质，将影响终端用户消费决策和购买行为，将终端产品是否采用该成分产品品牌作为其选择终端产品的重要依据，这将刺激和驱动终端成品厂商构成的下游市场对该成分产品的广泛市场需求。

（2）成分产品品牌化使成分厂商的技术优势转变为市场优势

成分产品品牌化可以把成分厂商的技术优势转变为成分厂商的市场优势。成分产品厂商的技术优势如果不能通过成分产品品牌化在用户心智中建立独特形象，形成差异化优势，很可能因为竞争对手通过技术模仿、创新而被取代。因此，成分产品厂商通过成分产品品牌化将"独特技术"-"独特性能"-"独特品牌"-"独特需求"对接，进行品牌塑造和推广，将其技术优势转化为市场优势，可以建立强大的市场壁垒，通过"技术"和"品牌"双重战略建立持久的市场竞争优势。

（3）成分产品品牌化将改变上游厂商在产业链中的地位

成分产品品牌化将提高上游成分品牌厂商在产业链中的地位。成分品牌化的过程是上游厂商越过下游厂商面向终端用户塑造品牌形象的过程。具有一定品牌资产价值的成分品牌将改变终端用户的市场偏好，一旦成分品牌形象塑造成功并对用户选择产生影响，必将倒逼下游成品品牌厂商购买其产品。具有高品牌资产价值的成分品牌厂商因消费者的选择偏好导致其在产业链中地位的提高。

1.3 成分产品厂商的品牌联合策略及其产业链效应

1.3.1 成分产品厂商的成分品牌联合策略

当成分产品厂商对成分产品进行品牌化，就形成自己的成分产品品牌资产，在把产品销售给下游产品厂商时就不仅是简单的产品销售交易行为，还产生了两个厂商的品牌联合行为，即成分品牌联合行为。

在成分品牌联合中，成分产品品牌厂商的品牌联合策略包括联合目标的选择和联合策略的选择。

联合目标的选择是指成分品牌对下游成品品牌合作厂商的选择。

（1）联合目标的选择

联合目标是指选择什么样的合作品牌进行品牌联合，成分品牌厂商的联合目标选择是指选择什么样的成品品牌厂商进行合作，其联合的标的是终端产品品牌。

在成分品牌联合的情境下，成分产品厂商期望在品牌联合后，消费者对联合品牌评价是正面的，消费者在品牌联合后对成分品牌的评价有所提升或者至少不受影响。

本项目的研究表明，成分品牌联合的联合效应（消费者对联合品牌评价）和溢出效应（消费者在品牌联合后对合作品牌评价）受到合作品牌形象、合作品牌契合度、成分品牌来源地形象的影响。

根据本项目的研究，成分品牌联合的前因变量中消费者对合作品牌评价和合作品牌契合度对联合品牌评价有影响，对联合后合作品牌评价有影响。成分品牌厂商在选择联合目标时要考虑合作成品品牌形象和合作双方品牌的品牌契合度。

在一般情况下，成分品牌厂商在选择联合目标时，一般选择具有良好品牌形象的成品品牌进行联合，同时考虑成品品牌厂商的品牌和成分产品品牌的契合度。

消费者对成品品牌形象的评价一般用品牌态度来衡量。品牌态度是指消费者对于特定品牌的持续性偏好或讨厌的倾向，品牌态度可以从信任、感觉、印象、喜欢、意愿等方面去衡量。

品牌契合度是指以顾客记忆中的品牌联想为基础的两个合作品牌感知之间的一致性水平。实际上，品牌契合度的本质是两个合作品牌在形象上的一致性、整合性，即两个品牌聚合后形成的新的品牌不会造成心理冲突，相反，两个品牌能够很好的融合，并产生更加丰富的联想。品牌契合度从品牌形象的一致性和品牌市场地位的相似性来度量。

（2）联合策略的选择

站在成分品牌厂商的角度，成分品牌联合的策略主是指成分品牌联合模式的选择。

成分品牌联合模式包括对称性联合和非对称性联合的选择以及合作双方合作的契约性质的选择。

在对称性品牌联合中，两个合作品牌价值均衡时，两个合作品牌都能从品牌联合中受益，即消费者对联合品牌有正面的评价（联合效应），两个品牌在联合之后品牌评价有可能提升（溢出效应），这时两个合作品牌存在对称性依赖。因此，对称性品牌联合模式是成分品牌厂商的常规策略。

在现实情况下，参与联合的两个品牌资产价值经常是不对称的，这种不对称性又导致上下游企业之间的相互依赖程度的不对称性。当成分品牌资产价值低于成品品牌资产价值时，成分品牌厂商对成品品牌厂商依赖程度高，成分品牌厂商从联合中得到的好处更多，包括产品快速销售和品牌价值提升。这时，成分品牌厂商可以向合作品牌厂商进行投资对其进行补贴以赢得合作或者通过以较低的价格提供产品以获得合作机会。

当成分品牌资产价值高于成品品牌资产价值时，成品品牌厂商对成分品牌厂商依赖程度高，成品品牌厂商从联合中得到的好处更多，包括通过联合促进产品快速销售和品牌价值提升。这时，成分品牌厂商可以提高供货价格获取品牌溢价。但是，当成品品牌资产价值过低甚至是劣质品牌时，成分品牌选择这样的合作伙伴可能导致联合品牌销售受阻，同时使成分品牌价值稀释，进而使品牌受到拖累。

因此，成分品牌厂商在进行联合决策时，可以选择对称性和非对称性的品牌联合模式，但是，在非对称性联合中应该尽量避免选择与劣质品牌合作。

如前所述，根据资源依赖理论，如果下游成品品牌厂商依赖上游成分品牌提供独特属性，成分品牌的价值意义对下游成品品牌的贡献多少依赖于合作伙伴之间的合同排他性即合作契约性质。

从联合效应看，在排他性契约中，成分品牌只与下游独家成品品牌联合，消费者对联合品牌评价高（因为只有这个品牌具有上游厂商的独特属性），即联合效应高。在非排他性契约中，上游成分品牌被下游厂商共享，联合品牌成分独特性消失，即联合效应低。

从联合溢出效应看，在排他性契约中，成分品牌只与下游独家成品品牌联合，消费者对联合品牌评价高（因为只有这个品牌具有上游厂商的独特属性），即联合效应高，进而提升参与合作的成品品牌价值，在参与联合的合作品牌契合度高的情况下，参与合作的成分品牌价值也能提升。在非排他性契约中，上游成分品牌被下游厂商共享，联合品牌成分独特性消失，即联合效应低，进而溢出效应也会减少。

因此，从成分品牌厂商的角度，在联合契约性质的选择中，应该尽可能地选择非排他性契约。除非下游厂商市场地位很高，极端情况是下游厂商对市场由一定程度的垄断。在非排他性合同中，下游厂商共享成分品牌，导致成分品牌广泛的市场曝光，成品品牌厂商同质化程度提高，品牌溢价消失，使得成分品牌厂商获得对产业链控制的机会。

1.3.2 成分品牌联合策略的产业链效应

成分品牌厂商采用的成分品牌联合策略不同，对产业链的影响不同。

在对称性品牌联合策略下，由于双方品牌价值均衡，双方从品牌联合中获得的利益相当。在对称性品牌联合中，两个合作品牌的资产价值很高，即强强合作的联合中，成分品牌在产业链中获得广泛的市场效应，成分品牌会通过成品品牌借船下海，进一步强化自己的品牌。在这种情况下，强强联合的成品产品在产业链中由于示范效应，更多成品品牌厂商采用该成分品牌，时间久了，成分品牌会成为产业标配，最后控制产业链。英特尔公司每当开发新一代微处理器芯片，在市场推广初期，只向强势 PC 厂商首发，就是这个原因。当控制市场、控制下游主要厂商后，再向弱势厂商供货，成分品牌厂商也不会因为强弱联合使自己的品牌受到影响了。

在非对称性联合模式中，合作品牌价值不对称导致合作品牌相互依赖程度不同，当成分品牌价值高于成品品牌时，下游厂商对上游厂商依赖程度高，上游厂商权力大，产业链利益分配向上游倾斜；当成分品牌价值低于成品品牌时，上游厂商对下游厂商依赖程度高，产业利益分配向下游倾斜。

在成分品牌联合时，双方的契约性质对产业链也有影响。在成分品牌联合中，合作双方的合作契约性质分为排他性和非排他性。

成分品牌厂商一般策略性地选择非排他性合同，在非排他性合同中，下游厂商共享成分品牌，导致成分品牌广泛的市场曝光，成品品牌同质性增强，品牌溢价消失，这将波及上下游厂商在产业链中利益分配格局，产业权利向上游成分厂商倾斜。

1.4　影响成分品牌联合策略产业链效应的因素

本研究发现，成分品牌联合效应和溢出效应受到消费者产品介入度、消费者产品知识的影响，消费者产品介入高、产品知识丰富时，消费者信息处理动机和能力强，受品牌等外部因素影响小，依赖自己的能力和知识理性决策程度大，成分品牌化和品牌联合策略的市场效应被弱化，产业链效应也被弱化。

因此，成分品牌厂商在成分品牌化和成分品牌联合的决策中，要考虑终端产品消费者的产品介入度、消费者产品知识以及影响消费者产品介入度和消费者产品知识的因素。当消费者介入度高、消费者产品知识丰富时，成分品牌化和成分品牌联合的市场效应和由此导致的产业链效应非常有限。

1.5　成分产品厂商横向结盟策略及产业链效应

前面已经论述，在产业链中可能存在多个核心环节和多个核心部件，如电脑产业的核心环节是微处理器芯片、操作系统和应用软件；汽车产业链的核心环节是燃油车三大件：发动机、底盘、变速箱；电动车三大件电机电控电池是其核心环节；智能手机的核心环节是手机芯片、手机屏幕、手机摄像头；通信设备制造行业的核心环节是核心部件：基站芯片、光通讯模块、手机处理器。

这些核心环节中的厂商一方面越过下游厂商面向消费者塑造品牌，形成需方效应，迫使下游厂商与其合作，另一方面，核心部件厂商之间通过横向结盟，如 Intel 与 Windows 结盟，形成 Wintel 联盟体系，双方合作不仅产生需方效应，而且联合起来共同与成品品牌厂商合作，将两个成分植入成品产品，产生了强势的供方联盟格局。

这种先结盟、后联合的方式对产业链产生更加深远的影响，使产业链利益分配格局进一步向产业链上游倾斜。这也是 Wintel 联盟体系存在长达 30 年之久的原因之一。

有趣的是，30 年后的今天，移动芯片厂商美国高通公司由智能手机产业向 PC 产业延伸，向市场提供面向个人电脑应用的骁龙 835 处理器+Win10，计算机组装厂商将骁龙 835 处理器+Win10 作为成分品牌植入 PC，新的计算机产品，具备千兆级运行速度，超过 20 小时的续航时间，长达一个月的待机时间，让 PC 用户得到极致的消费体验。高通采取横向结盟策略与计算机终端厂商华硕、惠普进行合作，建立完整的 PC 产业生态产业链，用这个产业链与英特尔公司展开决战。美国高通采用的策略与英特尔非常相似，先横向产品结盟，再纵向品牌联合。

因此，成分产品厂商可以采用横向结盟和品牌联合的双重策略对产业链产生影响。

2　成品产品厂商策略及其产业链效应

成品产品厂商位于产业链的终端，其生产的产品又称为终端产品，直接面向消费者。在社会分工极度细化的产业上，成品产品厂商又称为产品集成商。产品集成商对来自上游的材料、元件、部件甚至服务进行"组合"形成适应其目标市场消费者需求的最终产品。成品产品厂商为了提高在产业链上的地位，在产业链分割更多利润，可以采取品牌管理策略、合作目标品牌选择策略、后向一体化策略和品牌联合策略。

2.1 成品产品厂商的品牌管理策略及产业链效应

2.1.1 成品产品厂商的品牌管理策略

成品产品厂商一端连接用户一端连接供应商，其产品类似一个平台，平台的一方是提供不同"中间品"的供应商，一方是众多的用户。平台双方的市场主体之间可以形成网络效应，即用户多了必然导致更多供应商愿意与成品产品厂商进行合作；优质供应商多了必然导致成品产品厂商提供更优质或价格更低的终端产品，这又拉动更多用户选择其产品。

因此，成品产品厂商的品牌管理策略必须从用户端和供应端进行品牌决策和品牌塑造。

（1）成品产品厂商从用户端的品牌管理策略

成品产品厂商在品牌管理中，首先要对终端消费者需求进行分析，对不同需求的市场进行细分和评估，再根据自己的资源和能力选择自己的目标市场，然后根据目标市场进行品牌要素决策。

在品牌要素决策中，根据目标市场需求设计品牌的产品要素如产品特征、产品外观特征和产品绩效水平，以实现价值匹配；根据目标市场消费者价值观和生活方式设计品牌的人格化要素，以实现价值观念认同和生活方式认同；与此同时，将品牌的企业要素纳入产品品牌，使企业使命、愿景、价值观对品牌产生积极影响。

在品牌要素决策后，根据目标市场消费行为模式通过营销传播手段对品牌进行塑造，围绕目标市场消费者的生活场景、消费场景和工作场景进行品牌推广，使目标市场消费者认知品牌、认可品牌、认同品牌。

（2）成品产品厂商从供应端的品牌管理策略

成品产品厂商不仅要根据目标消费者需求设计终端产品特征、产品外观特征和产品绩效水平以及用品牌，对产品进行标定塑造终端产品品牌，还要根据自己的品牌策略和产品策略对供应链进行管理，建设自己的供应链网络。成品产品厂商要根据自己的产品设计目标和品牌建设目标在产业链上选择合适的合作伙伴,并向供应商合作伙伴进行品牌推广,将自己的品牌理念、品牌核心价值以及品牌整体形象向上游传递,以此推广自己的品牌,同时通过以终端消费者需求为导向建立的品牌来整合整个供应网络,把产品组合的各种价值要素进行深度匹配,以获得最大的协同效应。

2.1.2 成品产品厂商的品牌策略的产业链效应

成品产品厂商通过"产品""品牌"和"网络"三管齐下方式立业,获得产品优势、品牌优势和网络优势。具备三大优势的终端产品厂商必然有能力聚合大量优质供应商,并在产业链上获得强有力的讨价还价能力,从而获得品牌溢价,提高自己在产业链上的地位。同时,通过优质的终端产品和良好的品牌形象获得的广泛的终端消费者选择,又通过网络效应进一步推动其对供应链网络的优化,这又使成品产品厂商在与终端品牌厂商展开竞争时处于有利地位。

2.2 合作目标品牌选择策略及产业链效应

2.2.1 选择品质和品牌好的成分品牌

(1) 成分产品的评估和选择

成分产品是与成品产品相对应的概念,是成品产品的组成部分。成分产品包括材料、元件、部件和服务。成分产品一般有三个来源:来自自然界的初级原料,来自上游企业生产的中间产品,生产成品产品的企业自己生产。当成分产品来自上游企业生产的中间产品时,就出现了产业链上下游企业之间的合作;当上游企业面向消费者塑造品牌,就出现了成分品牌联合。

成分产品的质量、属性和性能对成品产品质量、属性和性能有影响。成品产品厂商在选择成分产品时,要根据成品产品的市场定位,对成分产品质量、产品属性和产品性能进行评估,充分考虑成分产品与成品产品的互补性,寻求性价比高的成分产品。当成品产品定位高时,应该寻求性能卓越的成分产品,当成品产品定位为普通产品,应该寻求性价比高的成分产品。

成品产品厂商在选择成分产品时,还要对成分产品对成品产品的重要程度进行评估。当成分产品对成品产品质量、性能和属性影响很大时,成品产品厂商选择什么样的成分产品将影响终端消费者购买行为。因此,成品产品厂商在选择成分产品时,要考虑成分产品对终端消费者购买诱因的影响。

成品产品厂商在选择成分产品时,还要考虑成品产品目标市场消费者需求以及消费者决策行为。当成品产品目标市场消费者产品介入度高、产品知识丰富时,成分产品的质量、属性和性能将对消费者购买意愿产生重要影响,这时成品产品厂商的购买决策导向应该是质量导向而非成本导向。

(2)成分品牌的评估和选择

当成分产品厂商越过成品产品厂商面向终端用户塑造品牌进行品牌化时,成品产品厂商在寻求合作伙伴时,不仅对成分产品进行评价,还要对成分品牌进行评估。

在成分品牌联合的理论框架中,消费者对成分品牌评价是成分品牌联合的前因变量,对成分品牌联合的联合效应和溢出效应有影响,消费者对成分品牌评价越高,在品牌联合后,消费者对联合品牌越高,对联合后合作品牌评价越高。

因此,当成品品牌厂商选择消费者评价高的成分品牌合作时,不仅改善联合品牌评价,促进成品产品的销售,而且提升联合后成品品牌评价。

本项目研究结果还表明,成分品牌评价对联合品牌和联合后成品品牌的改善和提升作用受到消费者品牌知晓度、消费者产品介入度、消费者产品知识等因素的影响。

当消费者品牌知晓度低、消费者产品介入度高、产品知识丰富时,消费者对成分品牌评价对联合品牌评价和联合后成品产品评价的影响有限,成分品牌资产价值发挥的作用有限,成品产品厂商不必花费高昂代价寻求高价值成分品牌合作,而应该寻求性价比高的合作伙伴。相反,当消费者品牌知晓度高、消费者产品介入度低、消费者产品知识匮乏时,成品品牌厂商对成分品牌资产价值要给予更多关注。

成品产品品牌厂商在选择成分品牌时,还要考虑成分产品的独立性。当成分产品能够在市场上独立销售和消费时,将增加消费者产品知识,提高消费者介入度，成分产品的品牌重要性将增加，这一方面迫使成品品牌厂商采用成分品牌，一方面又降低了成分品牌在成品品牌中的作用（采用成分品牌的独特性消失），成品品牌厂商在与独立成分品牌合作中获得的利益将减少。

2.2.2 选择品牌契合度高的成分品牌

前面已经论述，成品产品厂商在选择成分合作厂商时，要考虑成分产品质量、属性和性能，同时要考虑消费者对成分产品品牌的评价。

在成品产品品牌厂商对成分产品评估、对成分品牌进行评估后，接下来还要考虑成品产品品牌和成分产品品牌的契合度问题。

如前所述，参与品牌联合的品牌契合度是品牌联合的前因变量，合作品牌契合度高，成分品牌联合后，消费者对联合品牌评价越高，消费者购买意愿越强，所以选择品牌契合度高的合作成分品牌，有利于成品产品的销售，这样对合作双方都是有好处的。

无论是成分品牌还是成品品牌，在选择合作伙伴品牌时，都要考虑品牌契合度；但是，品牌契合度对成品品牌厂商的重要性远胜于对成分品牌厂商的重要性。显然，这与产品在产业链中所处的位置有关。

品牌契合度的联合效应也受到消费者品牌知晓度、消费者产品介入度、消费者产品知识的影响。品牌知晓度越低，品牌契合度的联合效应越小；消费者产品介入度越高，品牌契合度的联合效应越小；消费者知识越丰富，品牌契合度的联合效应越小。因此，当这些因素使品牌契合度的联合效应弱化时，成品品牌厂商在选择合作成分品牌时，要在成分产品性价比和品牌契合度之间进行权衡。

2.2.3 选择来源地形象好的成分品牌

在成分品牌联合的前因变量分析中，成分品牌来源地形象影响成分品牌联合效应，影响消费者对联合品牌评价。

成分产品的主要类别是材料和零部件。材料包括原材料与加工材料和加工零部件。原材料包括农业产品、天然产品构成下游厂商产品的原料；加工材料和加工零部件构成下游厂商产品的成分材料和成分部件。

农业产品和天然产品与自然地理位置有关。农业产品如我国新疆的葡萄、叙利亚的玫瑰,天然产品如南非的钻石,都与产品存在的自然地理位置有关。

成分材料和成分部件与经济地理位置有关。成分材料和成分部件是在一定的社会经济技术条件下生产的,因此,与经济地理位置有关。

无论是自然地理位置,还是经济地理位置,成分产品都具有明显的产地特征,成分产品来源地形象是存在的。

成分品牌产品的来源地形象会影响消费者对联合品牌的评价,成品品牌与来源地形象较高的成分品牌联合会给联合品牌带来认知优势。但是,通过这种联合带来的认知优势具有一定局限性。

研究表明,成分品牌来源地形象对联合品牌评价的影响会受多种因素的影响。例如,通过与来源地形象高的成分品牌联合获得的认知优势受到消费者品牌知晓度、消费者产品介入度、消费者产品知识的影响。目标消费者品牌知晓度越低、目标消费者产品介入度越高、目标消费者产品知识越丰富,成分品牌来源地形象给联合品牌带来的认知优势越被弱化。

显然,成品品牌厂商在选择合作成分品牌时,在其他条件相同的情况下,应该选择来源地形象好的成分品牌。

2.3 后向一体化策略及产业链效应

当成品产品集成技术难度不高、技术门槛低,成品产品厂商可以通过技术创新选择后向延伸,将业务向产业链上游核心技术环节覆盖,选择后向延伸(后向一体化)策略。

通过后向延伸策略成品产品厂商自己生成成分产品,减少对上游厂商的依赖,提高在产业链中的市场地位。

以智能手机为例,2017 年国产品牌出货量接近 7000 万部,但是国产品牌手机的处理器几乎被美国高通骁龙垄断,大部分智能手机摄像头来自索尼,部分手机使用的屏幕来自三星的 OLED。也就是说,智能手机核心成分品牌大部分来自海外。

感到庆幸的是，国产品牌手机华为有了自己成熟的处理器，小米开发了"澎湃 S1"处理器。这两家企业都是通过多年积累后向智能手机产业上游延伸的案例。

在 PC 行业，多年来，国家对国产 CPU 给予了大力扶持，并且取得了一定的成果。

在农药行业，本土农药企业多数是制剂企业，采购国外企业的"原药"进行制剂化，然后向市场销售，农药上游成分产品厂商控制了农药产业链。海南正业中农高科股份有限责任公司主要产品是农药制剂企业，其成分产品"原药"一直靠上游企业供货。近十年来，该公司与中国科学院大连化学物理研究所合作开发出"氨基寡糖"原药，氨基寡糖是植物疫苗的核心成分，经过制剂化，就可以广泛应用于农作物的植物保护，增强作物免疫力，提高作物产量，改善农产品品质。"氨基寡糖"是一种高分子糖，通过"糖链工艺技术"从自然界生物提取，对环境和生物无毒无害，是完全环境友好的生态制剂，不仅为作物健康提供了一定保障，而且为食品安全提供了保障。

成品产品厂商的后向延伸策略，是成品产品厂商占领产业制高点的战略性行为，是从根本上获得产业战略控制点的手段。

在成品产品厂商后向延伸的过程中，成分产品的技术开发、成分产品产业化、成分产品的品牌化和市场化都很重要。

成品产品厂商采用后向延伸策略，自我生产成分产品，并将成分产品品牌化，与自己的成品产品品牌集成，实施双品牌策略甚至多品牌策略，不仅增加产品附加值，减少对上游企业的依赖，而且还可以向其他成品产品厂商销售自己的成分产品，进一步加大对产业链的控制。

2.4 成分品牌联合策略及产业链效应

如前所述，成分品牌联合模式可以根据合作品牌资产价值的对称性分为对称性品牌联合和非对称品牌联合；成分品牌联合模式还可以根据合作双方契约性质分为排他性联合和非排他性联合。

根据合作品牌资产价值的对称性，成品品牌厂商可以选择对称性品牌联合和非对称性品牌联合。在对称性品牌联合中，两个合作品牌价值均衡时，两个合作品牌都能从品牌联合中受益，即消费者对联合品牌有正面的评价（联合主效应），两个品牌在联合之后品牌评价有可能提升（溢出效应），这时两个合作品牌存在对称性依赖。在对称性成分品牌联合中，一般是强强联合，很少弱弱联合。在强强联合的情境下，成分品牌可以取得最大的品牌协同效应，导致合作双方共同控制市场和控制产业链。

当成品品牌厂商选择非对称性品牌联合时，成品品牌厂商一般选择品牌资产价值高的成分品牌进行联合，以促进联合品牌的价值提升和市场销售。但是，当成品品牌厂商选择品牌资产价值高的成分品牌合作时，强化了成品品牌厂商对成分品牌厂商的依赖程度。这种依赖程度会受到消费者产品介入度、消费者产品知识、消费者对成分品牌知晓度的影响。在消费者产品介入度低、产品知识匮乏、消费者对成分品牌知晓度高时，成品品牌厂商对成分品牌厂商依赖程度进一步加强。成品品牌厂商对成分品牌的依赖程度的强化，会因为成分品牌厂商市场权利加大，提高成分产品供货价，导致成品品牌厂商从联合中获得的利益减少。因此，在非对称性联合模式中，成品品牌厂商应加大市场推广，强化自己的市场地位，以提升在产业链的地位。

综合起来看，在对称性品牌联合情境下，成品品牌厂商通过强强联合与成分品牌厂商共同做大市场份额，以获得在产业链中的市场地位。在非对称性品牌联合情境下，成品品牌厂商通过加强市场推广和品牌运作提升自己的市场地位，减少对上游成分品牌的依赖。

如前所述，根据资源依赖理论，如果下游成品品牌厂商依赖上游成分品牌提供独特属性，成分品牌的价值意义对下游成品品牌的贡献多少依赖于合作伙伴之间的契约排他性。从联合主效应看，在排他性契约中，成分品牌只与下游独家成品品牌联合，消费者对联合品牌评价高（因为只有这个品牌具有上游厂商的独特属性），即联合效应高。在非排他性契约中，上游成分品牌被下游厂商共享，联合品牌成分独特性消失，消费者对联合品牌评价降低，即联合效应低。从联合溢出效应看，在排他性契约中，成分品牌只与下游独家成品品牌联合，消费者对联合品牌评价高（因为只有这个品牌具有上游厂商的独特属性），即联合效应高，进而提升参与合作的成品品牌价值，在参与联合的合作品牌契合度高的情况下，参与合作的成分品牌价值也能提升。在非排他性契约中，上游成分品牌被下游厂商共享，联合品牌成分独特性消失，消费者对联合品牌评价降低，即联合效应低，进而溢出效应也会减少。

因此，从成品品牌厂商的角度，在联合契约性质的选择中，应该尽可能地选择排他性契约，以减少成分品牌的市场曝光，也减少多家主品牌共享一个成分品牌导致的成品产品品牌同质化。

在现实中，成品品牌厂商很难实现排他性契约的品牌联合模式。当排他性契约失败时，成品品牌厂商可以采取横向结盟模式，联合多个成品品牌厂商成立"买方俱乐部"，联合采购模式一方面可以增加谈判砝码，获得采购价格优势，另一方面通过实施"俱乐部"排他性契约，避免成分品牌在下游市场的泛滥，从而在一定程度上避免成品品牌溢价的消失。

参 考 文 献

［1］ Aaker D A, Keller K L. Consumer evaluations of brand extensions. Journal of Marketing, 1990, 45（1）：27-41.

［2］ Aaker D A. Managing brand equity：Capitalizing on the value of a brand name. The Free Press, 1991.

［3］ Ajzen I, Fishbein M. Understanding attitudes and predicting social behavior. Engelwood Cliffs, New Jersey：Prentice-Hall, 1980.

［4］ Ajzen I. The theory of planned behavior. Organizational Behavior and Human Decision Proeesses, 1991, 50：179-217.

［5］ Alab J W, Hutchinson J W. Dimensions of consumer expertise. Journal of Consumer Research, 1987, 13（3）：411-454.

［6］ Anderson J C, Narus J A. A model of distributor firm and manufacturer firm working partnerships. Journal of Marketing, 1990, 54（1）：42-58.

［7］ Anderson N H. Foundation of information integration theory. New York：Academic Press, 2006.

［8］ Bagozzi, Richard P. Attitudes, intentions, and behavior：A test of some key hypotheses. Journal of Personality and Social Psychology, 1981, 41（4）：607-627.

［9］ Bailey J T. Marketing cities in the 1980s and beyond. American Economic Development Council, Chicago, 1989.

［10］Bass F M, Talarzyk W W. An attitude model for the study of brand preference. Journal of Marketing Research, 1972, （9）: 93-96.

［11］Baumgarth C. Evaluation of co-brands and spillover effects: Further empirical results. Journal of Marketing, 2004, 10 （2）: 115-131.

［12］Baumgarth C. Ingredient branding-begriff, state of the art & empirical data. Department of Marketing University of Siegen, 1998.

［13］Bengsson A. Unnoticed relationship: Do consumer experience co-branded products? Advances in Consumers Research, 2002, 29 （1）: 521-527.

［14］Smonin B L, Ruth J A. Is a company known by the company it keeps? Assessing the spillover effects of brand alliances on consumer brand attitudes. Journal of Marketing Research, 1998, 35 （1）: 30-42.

［15］Helmig B, Huber J A, Explaining behavioral intentions toward co-branded products. Journal of Marketing Management, 2007, 23 （3-4）: 285-304.

［16］Bilkey W J, Nes E. Country-of-origin effects on product evaluations. Journal of International Business Studies, 1982, 13: 89-100.

［17］Blackett T, Boad B. Co-branding: The science of alliance. New York: Palgrave Macmillan, 1999.

［18］Bloch P H. Richins M L. Shopping without purchase: an investigation of consumer browsing behavior. Advances in consumer research, 1983, 10 （1）: 389-393.

［19］Bottomley P A, Doyle J R. The formation of attitudes towards brand extensions: Testing and generalizing Aaker and Keller' model. International Journal of Research in Marketing, 1996, 13 （10）: 365-377.

［20］Boush D M, Loken B. A process-tracing study of brand extension evaluation, Journal of Marketing Research, 1991, 28 （1）: 16-28.

［21］Broniarczyk S M, Alba J W. The importance of the brand in brand extension,

Journal of Marketing Research, 1994, 31 (2): 214-228.

[22] Brucks M. The effects of product class knowledge on information search behavior. Journal of Consumer Research, 1985, 12 (1): 1-16.

[23] Brueks M, Zeithaml V A, Naylor G. Price and brand name as indicators of quality dimensions for consumer durables. Academy of Marketing Science, 2000, 28 (3): 217-222.

[24] Chang C C. Self-congruency as a cue in different advertising-processing contexts. Communication Research, 2002, 29 (5): 503-536.

[25] Christina S R, Abhijit B. Brand alliance dependency and exclusivity: an empirical investigation. The Journal of Product and Brand Management, 2004.

[26] Crocker J, Fiske S T, Taylor S E. Schematic Bases of Belief Change. Attitudinal Judgment. New York: Springer-Verlag, 1984: 197-226.

[27] Dacin P A, Mitchell A E. The measurement of declarative knowledge. Advances in Consumer Research, 1986, 13 (1): 454-459.

[28] Desai K K, Keller K L. The effect of ingredient brand strategies on host brand extendibility. Journal of Marketing, 2002, 66 (1): 73-93.

[29] Elena D B, Jose L M A. Brand trust in the context of consumer loyalty. European Journal of Marketing, 2001, 35 (11/12): 1238-1258.

[30] Fang X, Mishra S. The effect of brand alliance portfolio on the perceived quality of an unknown brand. Advances in Consumer Research, 2002, 29 (1): 519-521.

[31] Fazio R, Williams C. Attitude accessibility as a moderator of attitude-perception and attitude-behavior relation: an investigation of the 1984 presidential election. Journal of Personality and Social Psychology, 1986, (51): 505-514.

[32] Finlay K A, Irafimow D. Villarreal A. Predicting exercise and health

behavioral intentions: Attitudes, subjective norms, and other behavioral determinants. Journal of Applied Social psychology, 2002, 32: 342-358.

[33] Fishbein M, Ajzen I. Belief, attitude, intention, and behavior: an introduction to theory and research. Addison Wesley, Reading (MA), 1975.

[34] Gammoh B S, Voss K E, Chakra B G. Consumer evaluation of brand alliance signals. Psychology & Marketing, 2006, 23 (6): 465-486.

[35] George R. When the parts become greater than the whole: Fueling growth through ingredient branding, 2002.

[36] Glasman L R, Albarracin D. Forming attitudes that predict future behavior: a meta-analysis of the attitude-behavior relation. Journal of Psychological Bulletin, 2006, 132 (5): 778-822.

[37] Goldsmith R E, Emmett J. Measuring product category involvement: A multitrait-multimethod study. Journal of Business Research, 1991, 23 (4): 363-371.

[38] Grossman R P. Co-Branding in Advertising. Journal of Product and Brand Management, 1997, 6 (3): 191-201.

[39] Han C M. The role of consumer patriotism in the choice of domestic versus foreign products. Journal of Advertising Research, 1988.

[40] Helmig B, Huber J A, Leeflang P. Explaining behavioural intentions toward co-branded products. Journal of Marketing Management, 2007.

[41] Hillyer C, Tikoo S. Effect of Co-branding on Consumer Product Evaluations. Advances in Consumer Researeh, 1995, 22 (1): 123-127.

[42] Hong S -T, Wyer R S Jr. Effects of country-of-origin and product-attribute information on product evaluation: An information-processing perspective. Journal of Consumer Research, 1989, (2): 175-187.

[43] Johansson J K, Douglas S P, Nonaka I. Assessing the impact of country of

origin on product evaluations: A new methodological perspective. Journal of Marketing Research, 1985, 22 (4): 388-396.

[44] Miller K W. Investigating the idiosyncratic nature of brand value. Australasian Marketing Journal, 2007, 15 (2): 81-96.

[45] Kassarjian H H. Low involvement: a second look. Journal of Advances in Consumer Research, 1981.

[46] Keller K L, Aaker D A. The effects of sequential introduction of brand extensionsv. Journal of Marketing Research, 1992, 29 (1): 35-50.

[47] Keller K L. Conceptualizing, measuring, and managing customer-based brand equity. Journal of Marketing, 1993, 57 (1): 1-22.

[48] Keller K L. Strategic brand management. New Jersey: Prentice-Hall, 1998.

[49] Keller K L. Strategic branding management: building, measuring, and managing brand equity. 2nd. ed 2002.

[50] Kerlinger F N. Foundations of Behavioral Research. N. Y: McGraw-Hill Company, 1986.

[51] Kirmani A, Rao A R. No pain, no gain: A critical review of the literature on signaling unobservable product quality. The Journal of Marketing, 2000, 64 (2): 66-79.

[52] Klink R R, Smith D C. Threats to the exterual validity of brand extension research. Journal of Marketing Research, 2001, 38 (8): 326-335.

[53] Kotler P. Marketing management: Analysis, planning and control. Englewood Cliffs: Prentiee-Hall, 1994.

[54] Krech D, Crutchfield R S, Ballachey E L. Ballachey, Individual in society: A textbook of social psychology. New York: McGraw-Hill, 1962.

[55] Krugman H E. The Measurement of advertising involvement. Public Opinion Quarterly, 1967, 30: 583-596.

［56］Lafferty B A, Goldsmith R E, Hult G T M. The impact of the alliance on the partners: a look at cause-brand alliances. Psychology & Marketing, 2004, 21 (7): 509-531.

［57］Leuthesser L, Kohli C, Suri R. 2+2=5? A framework for using Co-branding to leverage a brand. Journal of Brand Management, 2003, 11 (1): 35-47.

［58］Levin I P, Levin A M. Modeling the role of brand alliances in the assimilation of product evaluations. Journal of Consumer Psychology, 2000, 9 (1): 43-52.

［59］Lynch J G Jr, Chakravarti D, Mitra A. Contrast effects in consumer judgments: changes in mental representations or in the anchoring of rating scales? Journal of Consumer Research, 1991, 18 (3): 284-297.

［60］Mackenize S B, Spreng R A. How dose motivation moderate the impact of central and peripheral processing on brand attitude and intentions? Journal of Consumer Research, 1992, 6: 519-529.

［61］Maheswaran D. Country of Origin as a Stereotype: Effects of Consumer Expertise and Attribute Strength on Product Evaluations. Journal of Consumer Research, 1994, (2): 354-365.

［62］Maynes E. The Concept and Measurement of Product Quality. Household Production and Consumption, 1976, 40 (5): 529-559.

［63］McCarthy M S, Norris D G. Improving Competitive Position Using Branded Ingredients. Journal of Product and Brand Management, 1999, 8 (4): 267-285.

［64］Mittal B. The Relative Roles of Brand Beliefs and Attitude toward the Ad as Mediators of Brand Attitude: A Second Look. Journal of Marketing Research, 1990, 27 (2): 209-219.

［65］Nagashima A A. Comparison of Japanese and US Attitudes Towards Foreign

Products, Journal of Marketing, 1970.

[66] Narayana C L. Aggregate Images of American and Japanese Products: Implications on International Marketing. Columbia Journal of World Business, 1981.

[67] Nijssen E, Oijl R, Buckin L P. The effect of involvement on brand extensions. Journal of Paris, 1995.

[68] Norman H. Anderson. Foundations of information integration theory. Academic Press, 1981, 95 (4).

[69] Norris D G. Ingredient Branding: A Strategy Option with Multiple Beneficiaries. Journal of Marketing Consumer, 1992, 9 (3): 19-31.

[70] Olson J C J. Research of Perceiving Quality. Emerging Concepts in Marketing, 1972, (9): 220-226.

[71] Park C W, Jun S Y, Shocker A D. Composite Branding Alliance: An Investigation of Extension and Feedback Effect. Journal of Marketing Research, 1996, 33 (4): 453-466.

[72] Park C W, Milberg S, Lawson R. Evaluation of brand extensions: The role of product feature similarity and brand concept consistency. Journal of Consumer Research, 1991, 18 (2): 185-193.

[73] Peterson R A, Jolibert A J P. A Meta-analysis of Country-of-Origin Effects. Journal of International Business Studies, 1995, 26 (4): 883-900.

[74] Petty R E, Cacioppo J T. Communication and persuasion: central and peripheral routes to persuasion. Journal of Personality and Social Psychology, 1986, 51 (5): 1032-1043.

[75] Venkatesh R, Mahajan V. Products with Branded Components: An Approach for Premium Pricing and Partner Selection. Marketing Science, 1997, 16 (2): 146-165.

[76] Ranagaswamy A, Burke R, Oliva T A. Brand Equity and Extendibility of Brand Names. International Journal of Research in Marketing, 1993, 10: 61-75.

[77] Rao A R, Qu L, Ruekert R W. Signaling Unobservable Product Quality through A Brand Ally. Journal of Marketing Research, 1999, 36 (2): 258-268.

[78] Rao A R, Ruekert R W. Brand Alliances as Signals of Product Quality. Sloan Management Review, 1994, 36 (3): 87-97.

[79] Rao A R, Qu R W, Ruekert R W. Signaling unobservable product quality through a brand ally. Journal of Marketing Research, 1999, 36 (2): 258-268.

[80] Roth M S, Romeo J B. Matching Product Category and Country Image Perceptions: A Framework for Managing Country-of-origin Effects. Journal of International Business Studies, 1992, 23: 477-497.

[81] Ruyter K, Martin W. The role of corporate image and extension similarity in service brand extensions. Journal of Economic Psychology, 2000, 21 (6): 639-659.

[82] Samu S H, Krishnan S, Smith R E. Using Advertising Alliances for New Product Introduction: Interactions between Product Complementarities and Promotional Strategies. Journal of Marketing, 1999, 63 (1): 57-74.

[83] Shocker A D. Positive and Negative Effects of Brand Extensions and Co-branding. Advances in Consumer Research, 1995, 22 (1): 432-434.

[84] Simonson I, Nowlis S M. The role of explanations and need for uniqueness in consumer decision making: unconventional choices based on reasons. Journal of Consumer Research, 2000, 27 (1): 49-68.

[85] Spangenberg E R, Voss K E, Crowley A E. Measuring the Hedonic and

Utilitarian Dimensions of Attitudes: A General Applicable Scale. Advances in Consumer Researeh, 1997, 27: 235-241.

[86] Sunde L, Brodie R J. Consumer Evaluation of Brand Extensions: Further Empirical Results. International Journal of Research in Marketing, 1993, 10 (1): 47-53.

[87] Vaidyanathan R, Aggarwal P. Strategic brand alliance: implication of Ingredient Branding for national and private label brands. Journal of Product & Brand Management, 2000, 9 (4): 214-228.

[88] Voss K, Gammoh B S. Building Brands through Brand Alliances: Does a Second Ally Help. Marketing Letters, 2004, 15 (2/3): 147-159.

[89] Washburn J H, Till B D, Priluck R. Brand Alliance and Customer-based Brand-cquity Effccts. Psychology and Markcting, 2004, 21 (7): 487-508.

[90] Washburn J H, Till B D. Priluck, R. Co-branding: Brand equity and trial effects. Journal of Consumer Marketing, 2000, 17 (7): 591-604.

[91] Zaichkowsky J L. measuring the involvement construct. Journal of Consumer Research, 1985, 12 (3): 341-352.

[92] Zaichkowsky J L. The Personal involvement inventory: Reduction, revision, and application to advertising, Journal of Advertising, 1994, 23 (4): 59-70.

[93] 金镛准, 李东进, 朴世桓. 原产国效应与原产地效应的实证研究——中韩比较. 南开管理评论, 2006, 2: 44-51.

[94] 庄德林, 陈信康. 基于顾客视角的城市形象细分. 城市问题, 2009, 10: 11-16.

[95] 祝合良. 品牌创建和管理. 北京: 首都经济贸易大学出版社, 2007.

[96] 周晓虹. 现代社会心理学. 上海: 上海人民出版社, 1997.

[97] 郑雪. 社会心理学. 广州: 暨南大学出版社, 2004.

［98］张明立，冯宁．品牌管理．北京：北京交通大学出版社，2010.

［99］袁胜军，符国群．中国消费者对同一品牌国产与进口产品认知差异的原因及分析．软科学，2012（6）：70-77.

［100］郁义鸿．产业链类型与产业链效率基准．中国工业经济，2005.

［101］于伟．消费者品牌知识形成及后向影响机制研究．山东大学，2008.

［102］许基南．联合品牌．江西财经大学学报，2005（4）：38-41.

［103］席佳蓓．品牌管理．南京：东南大学出版社，2017.

［104］吴香．社会化媒体平台的营销研究．南京理工大学，2013.

［105］吴坚，符国群，丁嘉莉．基于属性水平的品牌来源国作用机制研究——信息处理的视角．管理评论，2010，22（3）：69-77.

［106］吴芳，陆娟．1+1=？一项有关品牌联合效应的探索性研究．财贸研究，2009，20（4）：121-129.

［107］王进富，张道宏，成爱武．国外城市营销理论研究综述．城市问题，2006（9）：84-88.

［108］王海忠．国际市场产品来源地形象及其规避策略．中国工业经济，2000（5）：91-96.

［109］王海忠．品牌管理．北京：清华大学出版社，2014.

［110］王海忠，赵平．品牌原产地效应及其市场策略建议——基于欧、美、日、中四地品牌形象调查分析．中国工业经济，2004，（1）：78-86.

［111］王官城．消费者心理学．北京：电子工业出版社，2006.

［112］汪涛，周玲，周南等．来源国形象是如何形成的？——基于美、印消费者评价和合理性理论视角的扎根研究．管理世界，2012，（3）：113-126.

［113］万后芬，周建设．品牌管理．北京：清华大学出版社，2006.

［114］汤姆·布莱科特、鲍勃·博德．品牌联合．北京：中国铁道出版社，2006.

[115] 孙丽辉，郑瑜．西方原产国效应理研究回顾及其评价．财贸经济，2009
（5）：84-137.

[116] 斯蒂芬·李特约翰，凯伦·福斯．人类传播理论．第九版．史安斌，
译．北京：清华大学出版社，2009.

[117] 石梦菊．品牌延伸对品牌依恋的影响研究．北京：人民日报出版社，
2016.

[118] 沈志荣．基于大数据的社会化媒体营销研究．北京化工大学，2015.

[119] 钱志鸿，陈田．发达国家基于形象的城市发展战略．城市问题，2005，
（1）：63-68.

[120] 宁昌会，薛哲．来源国效应对联合品牌产品评价的影响．中南财经政法
大学学报，2009，（1）：129-134.

[121] 罗子明．消费者心理学．第2版．北京：清华大学出版社，2002.

[122] 罗明．旅游目的地品牌联想研究综述．现代商贸工业，2012，24
（12）：72-74.

[123] 陆娟，吴芳，张铁．品牌联合研究：综述与构想．商业经济与管理，
2009（3）：90-96.

[124] 陆娟，边雅静，吴芳．品牌联合的消费者评价及其影响因素：基于二
维结构的实证分析．管理世界，2009，（10）：115-125.

[125] 李东进，董俊青，周荣海．地区形象与消费者产品评价关系研究——
以上海和郑州为例．南开管理评论，2007，（2）：60-68.

[126] 凯文·凯勒．战略品牌管理．李乃，吴瑾，译．北京：中国人民大学出
版社，2006.

[127] 黄静．品牌管理．武汉：武汉大学出版社，2005.

[128] 符国群．消费者行为学（第2版）．武汉：武汉大学出版社，2004.

[129] 菲利浦·科特勒，凯文·莱恩·凯勒．营销管理（第14版·全球版）.
王永贵，译．北京：中国人民大学出版社，2012.

[130] 方冰．基于社会化媒体营销的品牌内容传播．中国科学技术大学，2010.

[131] 戴维·阿克．管理品牌资产．奚卫华，董春海，译．北京：机械工业出版社，2006.

[132] 戴维·阿克．管理品牌资产．吴进操，常小红，译．北京：机械工业出版社，2012.

[133] 戴维·阿克．创建强势品牌．李兆丰，译．北京：机械工业出版社，2012.

[134] 曾义明．品牌联合营销对品牌联想影响效果之研究．管理学报，2001.

[135] 毕雪梅．顾客感知质量研究．华中农业大学学报，2004（3）.

[136] 阿尔·里斯，杰克·特劳特．定位：头脑争夺战．北京：中国财政经济出版社，2002.

[137] 汤姆·布莱科特，鲍勃·博德．品牌联合．北京：中国铁道出版社，2006.

[138] 曹云仙子．成分品牌联合的溢出效应实证研究，中南财经政法大学，2013.

[139] 宁昌会，曹云仙子．成分品牌的溢出效应研究——品牌熟悉度和介入度的调节作用．中南财经政法大学学报，2016（2）：122-129.

[140] 向赞：成分品牌来源地效应研究——基于农产品成分的实证研究．中南财经政法大学，2014.

[141] 冯浩．成分品牌联合的理论模型及实证研究．中南财经政法大学，2014.